15歳からの人生戦略

ドラッカー経営大学院教授の
「未来をつくる」授業

Hideki Yamawaki
山脇秀樹

東洋経済新報社

はじめに
あなたの手で未来をつくる

「未来を予測するための一番良い方法は、未来を自分でつくることだ」[1]

と経営学者のピーター・ドラッカー（Peter F. Drucker）が述べているように、あなた自身の手で未来をつくることができるのです。本書は、その作業のお手伝いをすることを目的としています。未来を考えるだけではなくて、未来を自分でつくるのです。

この本を手にとられた方の多くは、これから先のことについて思いを馳せたり、考えたりしたことがあるかと思います。地球の未来、人類の未来といった遠い先のことから始まり、住んでいる地域と街の将来、日本の産業の将来かもしれません。

あるいは、もう少し現実的にイメージできるのは、高校生の方ならば大学生になったときのことを思い描き、大学生の方ならば卒業後に起業することを考えているのかもしれません。それだけではなく、日々、家族の将来、自分の将来を考えている大人の方も多いでしょう。

もちろん、こうしたいろいろな未来と将来について考える（think）ことはとても大切です。その一方で、考えをめぐらせるだけではなくて、実際に未来をつくって（create, design）みるのはどうでしょうか。

自分を知る――「今どこ」「未来」「情熱」

未来をつくるために必要なはじめの一歩は、「自分を知る」こと

---

1 Peter F. Drucker, *Managing for Results* (New York: HarperCollins, 1993).

です。自分を知るということは、未来に向けての出発点となります。自分が今どこにいるのかを知らなければ、自分の未来、あるいはもう少し近い将来がどこにあるのかがわかりません。

その未来に向けての新しいアイデアは、往々にして、自分が興味をもつこと、情熱を燃やしていること、あるいは、我を忘れて熱中していることから生まれてきます。そこで、この本では、新しいアイデアを出す前に、まず自分を知ることに時間を使います。

あなたが**エネルギーをたくさん感じる活動、愛着心や情熱をもって専念する活動、言い換えると、大変に興味をもち、情熱を傾け、力を込めて、労力を厭《いと》わない活動を見つけます**。そのような活動は、新しいアイデアを生み出し、自分をステップアップし、変えていくには、まさにピッタリです。

自分の関心のあること、情熱を傾けていること、よく知っていることですから、状況をよく把握しているし、何が課題かも端的にわかっている。好きなことなので、行動する労力は惜しまないし、情熱をもっているので、どのように共感が生まれるのかも知っているのです。

そして、自分を知っていれば、そこから次のレベルに進むことができ、ひいては自分のブランドをつくることにもつながります。

芯が通っている

さて、ここまで読まれた方の中には、

「なんだ、もう『自分を知る』ことの大切さについては他で聞いたし、すでにいろいろなワークショップにも参加したわ。それに『未来を考える』ことの重要性やイノベーションについてもたくさん読んだし、これまでに『未来を考える』ことも学校で何回かやった。ということは、この本に書いてあることは、多分全部理解していると思う。だからパス」

という方も多いかと思います。そこで、この本とみなさんが学んできた「自分を知る」と「未来を考える」がどう違うのか、一言で述べておきましょう。

それは、この本では「自分を知る」ことと「未来」を別々に取り扱うのではなく、この２つを掛け合わせて、「**自分の未来をつくる**」ことにあります。

言い換えると、**この本では、「自分」と「未来」を独立したものとして考えるのではなく、「自分がエネルギーをたくさん感じ、自分が愛着心や情熱をもって行なえる活動を知り」、それから課題、テーマ、問題意識を探索し、「自分の未来をつくる」ことが書いてあります。**

つまり、**みなさんの行動と活動が、一人ひとりの情熱とエネルギーとピタリと合っていて、「言行一致」あるいは「芯が通っている」とも言えるような状況をつくり出していることの大切さについて述べています。**この本では、あなたが「整合的」に、インテグリティ（integrity）をもって行動し、未来をつくっていくことのお手伝いをしていきます。

15歳からでも45歳からでも

この本のタイトルは『15歳からの人生戦略』です。現在、高校生の方々のみをその読者層としているように思われるかもしれませんが、15歳から始まり、大学生、そして、人生半ばの40歳代以降の方々が読まれてもよいでしょう。それぞれの年齢層の方々がもっている具体的な関心は違うと思いますが、共通項は「これから先の自分を自らつくる」ことに思いをめぐらしている方たちです。

- 総合型選抜（AO入試）方式での受験を考えている高校生
- 自分のテーマと課題を探している高校生と大学生
- 新しいアイデアを出して、新しいやり方をつくりたい大学生

- 高校生の子供をもつ親御さん
- 子育て、仕事も一段落し、次のステップを模索する、高校生や大学生の子供をもつ親御さん
- 新しいアイデアを出して新しいやり方をつくりたい社会人

特に、高校生の子供をもつ親御さんには、お子さんと一緒に読んでいただくのもよいかと考えます。その理由は、高校生のお子さんを理解して、息子さんや娘さんのやりたいことをサポートし応援することにつながるかもしれないからです。お子さんが大学に入学して、そろそろ「子育て一段落」が見えてきた親御さんが、自らの次の10年、20年をつくるのにも役立つのではないかと思います。

また、20年以上前に高校生、大学生であった40歳代半ばの社会人の方にとっては、今は人生半ば、手遅れになる前に自分の人生を振り返って問題意識を新たにし、自分のテーマと課題を見つけ、そしてアイデアを出すために、初心に戻って思いをめぐらしてみるのはどうでしょうか。50代、60代への準備とも言えるかもしれません。そして、もう一度、自分の将来をつくってみませんか。

この本に書いてあること

この本が対象としている読者の方々は、いろいろな方向から自分の未来をつくることに取り組んでいると想定しています。進路を考えている高校生であれば、その目的のために、

- 大学進学の目的
- 問題意識
- テーマと研究
- 課題と課題リポート
- 問題解決のための思考

等を探索する必要があるでしょう。

特に、AO入試と呼ばれていた総合型選抜での進学を考えている方ならば必須となります。筆者はアメリカで大学の教員をつとめていることもあり、本書で紹介するAO（アドミッションズ・オフィス）入試の事例はアメリカの大学が採用しているものが中心となります。日本とアメリカでは細かな点では異なりますが、「大学・学部の求める学生像（アドミッション・ポリシー）」と「志望者（受験生）」がマッチングしているかどうかを確かめるという点は同じです。

本書で解説されているのは、「自分の将来」、あるいは自分でも気づいていない「自分が望む未来」を高い視点と広い視野から明らかにしていくという企みなのです。そして、自分が望む将来や未来を開示し、大学が適切に判断しやすくしてあげるのです。

日本の総合型選抜の制度についてくわしく知りたい方や、特定の大学を攻略するためのテクニック、狙い目大学の選び方を求めている方は肩透かしを食うでしょう。

大学生であれば、卒業プロジェクト、研究、論文に取り組むために、

- 問題意識
- テーマと研究
- 課題
- 観察・洞察・分析力
- 問題解決のための思考
- 新しいアイデアをつくるための心構えと枠組み

等が必須となってくるでしょう。

さらに、40代以上の社会人の方であっても、何か新しいことを始めてみたい、挑戦してみたいと考えていれば、高校生、大学生と

そう変わりはありません。同じと考えてかまわないと思います。

これまでの人生において、いろいろな体験をし、経験を積んでいるだけに、学生よりもうまくやれることは多いでしょう。ただ、大切なのは、これまでの延長線上で考えずに、新しい発想でアイデアを出していく心構えをもつことです。

本書では、「自分を知る」ことから始まり、「自分が望む未来」を明らかにしつつ、その未来を実現するための新しいアイデアをつくり出す、ときにはそれが社会のあり方を変えてしまうようなイノベーションになっていくプロセスについて解説していきます。

そこでは、ビジネススクールで教えている内容にも触れていきますが、高校生になりたての15歳の方にも理解できるようにやさしく、そして重要なポイントに絞って、説明していきます。

目次

15歳からの人生戦略

第4部　目的を明らかにする

終章

補論

序章

未来をつくるための 5つのマインドセット

素晴らしいアイデアに重要なのは、
好奇心、リフレーム、プロセス、共感、そして行動。

自分を知るための方法論を活用する

この本では、まず「自分を知る」作業をしてもらいます。自分が少しでも見えてきたら、あなたが愛着心や情熱をもっている活動に焦点を合わせながら、テーマと課題を考え、問題意識を鮮明にしていきます。新しいアイデアをつくるために役に立つ、いくつかの発想の仕方を紹介し、その枠組みを**実際に使ってみます**。この本で紹介している、いろいろな概念を知識として**暗記する必要はありません**。

むしろ、立ち上がって体を動かしたり、ディスカッションをしたり、ホワイトボードに走り書きをしたりして、エネルギーを一杯出した上で、頭をひねってもらいたいと思っています。つまり、あなたの望む未来を実現するためのアイデアを出すことをお手伝いしたいのです。

写真1　体を使って考え、書き出すことは大事

言い換えると、**あなたが作業をして、その作業を通じて、手法への理解を深め、実際にアイデアを創造し、未来をつくっていこう**というのが、本書の目的です。

とは言うものの、発想の仕方と枠組みを読めばすぐに新しいアイデアが湧き上がり、問題を解決し、新しいやり方を見つけることができるというわけではありません。新しいアイデア、やり方を見つける前に、あなたにやってもらいたいことがあります。

それは**自分を知ること**です。

自分自身にイノベーションを起こすために

そして、次のレベルに「舞い上がる（soar）」ことです。社会に新しいやり方、新機軸、あるいは変革をもたらすためには、まず自分自身を新しいやり方で進歩させることが先決です。**新しいやり方、新機軸、変革を総じてイノベーションと言い換えると、自分自身にイノベーションを起こすことになります。**

本書は、自分を知り、自分が何をしたいのかを知り、次のレベルに「舞い上がる」ためのお手伝いに紙面の多くを割いています。

さらに、「舞い上がる」プロセスの中で生じてきた問題意識、課題、テーマ、それらに対する解決策、新しいアイデアをつくるための枠組み、さらに新しいやり方と工夫を起こすための心構えについて述べていきます。

そして、新しいやり方、新しい製品とサービス、あるいはいろいろな問題を解決するためのアイデアを創出し、それを社会の未来につなげていきます。**未来を予測するのではなく、新しい機会をデザインし、未来を変えていくのです。**

新しいアイデアを創出するための一つの視点は発明、技術革新、新しい技術の応用ですが、本書では、もう一つの不可欠な視点、すなわち人間中心の視点に立ち、目的をもって、新しい世界観をつくり、新しい意味を提供する視点を特に強調しています。

クレアモント・カレッジズで教えていること

筆者はみなさんが生まれた年より、はるか昔の1977年に日本を出て、それ以来欧米の研究機関と大学で仕事をしてきました。この本は、その体験をもとにして書かれています。私が現在籍を置く大学は、アメリカのカリフォルニア州のクレアモントという町にあります。

日本の高校生に、「アメリカの大学で知っているのはどこですか？」と聞いてみると、まずスタンフォード、ハーバードという答えが返ってくるのではないでしょうか。他にはどこか知っていますかと聞くと、大抵の場合MIT（マサチューセッツ工科大学）がそれに続きます。さらに聞くと、UCLA（カリフォルニア大学ロサンゼルス校）、バークレー（カリフォルニア大学バークレー校）、シカゴ、ミシガン、イェール、プリンストンあたりがポツポツと聞こえてきます。このような有名でたくさんの学部を擁する大きなユニヴァーシティ（university）と呼ばれる大学の陰に隠れていますが、アメリカにはカレッジ（college）と呼ばれるリベラルアーツ系の4年制大学がたくさんあります。東海岸にあるウィリアムズ、スワースモア、アマースト、ミドルベリー、女子大のウェルズリーといった大学は著名なのですが、残念ながら日本ではあまり知られていません[1]。

ロサンゼルスから東に車で30分走るとクレアモントという町に行き着きますが、そこにあるポモナ、クレアモント・マッケナ、ハービー・マッド、スクリップス、ピッツァーというカレッジは西海岸の代表的なリベラルアーツ系の大学です。この5つの大学を総じてクレアモント・カレッジズ[2]と呼びますが、筆者はそこに置かれたピーター・ドラッカー経営大学院[3]（以下、ドラッカースクール）で20年以上にわたり教鞭をとってきました。

写真2　クレアモント・カレッジズ

1　Williams、Swarthmore、Amherst、Middlebury、Wellesleyの各Collegeです。リベラルアーツ大学では、入学に際して専攻分野の学部を志望するのではなく、入学後に自分のやりたいことを見つけて複数の専攻を決めて卒業します。

2　クレアモント・カレッジズ（The Claremont Colleges）はアメリカのカリフォルニア州クレアモント市にあり、全米でも有数の私立リベラルアーツ大学のポモナ（Pomona）、クレアモント・マッケナ（Claremont McKenna）、スクリップス（Scripps）、ピッツァー（Pitzer）、ハービー・マッド（Harvey Mudd）の5校と、2つの大学院、クレアモント大学院大学（Claremont Graduate University）、ケック応用生命科学大学院（Keck Graduate Institute）で構成されています。

3　正式な名称はPeter F. Drucker and Masatoshi Ito Graduate School of Management at Claremont Graduate Universityです。

もう10年以上前になりますが、日本で『もし高校野球の女子マネージャーがドラッカーの「マネジメント」を読んだら』[4]という本がベストセラーになりました。

この本は『もしドラ』の愛称で親しまれ、当時日本で『もしドラ』とドラッカーのブームを巻き起こしたので、知っている人も多いのではないでしょうか。

『もしドラ』を読んで、すでに知っている人も多いかとは思いますが、オーストリア生まれの**ピーター・ドラッカー**は、現代の企業組織とそのマネジメント（経営）の実践的かつ哲学的な基礎を築いた人で、1970年代半ばから2005年に亡くなるまでクレアモントに住み、ドラッカースクールの教授を務めていました。

「未来をつくる」授業

現在、筆者はドラッカースクールで「未来をつくる（Creating the Future)」という授業を教えています。このコースでは、新しいアイデアを創出するために役に立ついくつかの手法を導入し、それらの手法を個々のチームプロジェクトの作業過程の中で応用していきます。

この授業は、もう一つの授業「デザイン思考（Design Thinking)」と補完的な立ち位置にあります。デザイン思考の授業と同様に選択科目であるこの科目はドラッカースクールの経営学修士課程の学生に限らずに、クレアモント・カレッジズの学生も履修することができます。

たとえば、2021-2022年の「デザイン思考」と「未来をつくる」の授業には、マネジメント、アートマネジメント、認知心理学、ユーザーエクスペリエンス（UX）心理学、ファイナンス、情報シ

4　岩崎夏海『もし高校野球の女子マネージャーがドラッカーの「マネジメント」を読んだら』2009年、ダイヤモンド社。

ステムデザイン、グローバルヘルス、応用生命科学、教育学等のプログラムの修士と博士課程の学生、さらには、クレアモント・マッケナとピッツァー・カレッジの学部生が履修しました。このように学ぶ人のバックグラウンドは多岐にわたりますが、年齢を超え、分野を超えてチームをつくり、作業を進めます。

教室で絶えず多方向に行き交うディスカッション、参加者の高いエネルギー、何度にもわたる試行錯誤で悩む学生の表情、新しいアイデアを出す過程で生まれてくる奇想天外な発想、それが他のチームに共感を巻き起こしたときのチームの感動等々に触れてこそ、そこで学んだフレームワーク（思考と発想の枠組み）の活かし方がわかるし、未来をつくろうという参加者のモチベーションにもつながります。

そこで、本書では、本を読むだけではなくて、作業を行ない、結果を出すことを通じて、少しでもこの臨場感を味わってもらえればと願っています。

新型コロナウイルスやウクライナ侵攻が引き起こしたような「従来の仮定の崩壊」と「新しい仮定の必然性」を素早く認識し、それに応じて意思決定を行ない、速やかに行動を起こしていくことはもちろん重要です。このような受動的な行動に加えて、自ら変化を引き起こして、従来の仮定を陳腐化していくような能動的で前向きな行動は、今後ますます重要性を増してくると筆者は考えます。

SOAR ――舞い上がる

ドラッカースクールでは、社会人として、あるいはビジネスパーソンとして、活躍し、成功してきた40〜60代にかけての人たちの将来の人生を構築するためのプログラムを2024年から開講する予定です。

この1年間のプログラムはクレアモント・カレッジズのキャンパスで行ない、参加者はドラッカースクールだけではなく、クレアモント・カレッジズのリベラルアーツのコースも履修することになります。

このプログラムの名称はSOARと言います。つまり、第二の人生で自分を知り、「舞い上がる」という意味を込めています。

筆者は本書の第1章から第6章で述べている「自分を知る」をこのプログラムで担当する予定です。

本書は、先に紹介した「未来をつくる」コースとこの新しい「自分を知る」コースを掛け合わせた内容となっています。大学院レベル、つまり筆者がビジネススクールで教えている企業戦略に関する部分もありますが、基本的には、本書の内容は高校生や大学生でも理解できるレベルで記述していきます。

AO入試の「AO」はAdmissions Office（アドミッションズ・オフィス）を意味し、日本語にも訳されていないように、これは日本独自のシステムではなくて、英語圏の大学（特にアメリカですが）の選抜方式を参考にしてつくられたシステムだと理解しています。

志願者が各大学別に願書と書類を送るのではなく、全大学共通のたくさんの必要事項（たとえば、高校4年間の成績詳細、履修科目とそのレベル[5]、大学進学の適性を示すための共通学力試験の得点、賞、栄誉、課外活動等々）を記入し、複数の推薦状と必要な書類を添付します。そして、入学を志望する大学を選び、各大学別に設定された質問に答え、課題のエッセイを提出します。

さて、この選抜方式では、共通学力試験の成績は重要ではありますが、それですべてが決まるわけでは決してありません。むしろ、この方式は志願者の高校4年間の学業成績・課外活動・その他の活

5　AP（Advanced Placement）、Honor、あるいは普通（Regular）のレベルの科目なのかによって、ウェイトが違います。より高度なAPレベルの科目を履修すると、同じ評価でも加重平均によるGPA（成績評価値）が高くなります。

動・成果、そして複数の推薦状から、その人を総合的に考慮した人物像をつくり、その人物像が志望する大学が期待するプロファイル、つまり期待する学生像と適合しているかによって選考する方式、と考えていただければよいかと思います。

各大学別に提出する複数のエッセイで重要となるのは、いかに自分を知っているのか、いかに自分が他の受験生と違うのか、自分しかできないことは何か、自分が自信をもっていることは何か、自分が情熱をもっていることは何か、自分が専念していることは何か、これだけは人に負けないことは何かということです。

結果として、大学側から見れば、その人がどのような未来を考え、その未来をつくろうとしているのか、ということがうかがえるのです。

そうしますと、本書で紹介している「自分を知る授業」と「未来をつくる授業」はとても役に立つのではないかと考えます。この点は、研究課題を探している大学生のみなさんにも当てはまるでしょう。未来をつくる授業では、未来について考えるだけではなく、いくつかのツール、枠組みを使って、新しいアイデアを出していくことがその目的です。

繰り返しになりますが、本書で紹介するツールを知識として覚えるのではなく、それを実際に使って新しいアイデアをつくり、未来に向けての新しいやり方、新機軸、変革を試みてください。

さて、「未来をつくる授業」という言葉にひかれて、本書を手にとられたみなさんの中には、ある製品・サービス、市場、産業の新しいアイデア、いろいろな課題の解決案、そして、いろいろな未来図が書いてあるのかなと期待された方がいるかもしれません。

あるいは、人工知能（AI）、メタバース（metaverse）、VR/AR、ブロックチェーン、仮想通貨、Web3.0等のテクノロジーについての解説と未来の様子が書いてあるのかなと思われた方も多いかもしれません。

残念ながら、技術革新、技術の変化、具体的な新しいアイデア、そして確度の高い未来図という答えを読んで、それを自分の課題、あるいはテーマにすることを勧めるのは本書の目的ではありません。

あなたが自分自身の課題とテーマを見つけ、それにまつわる新しいアイデアをつくり、それにより未来をつくってもらうことが本書の目的です。

5つの心構え

さて、フレームワークを理解して応用すれば、すぐにテーマと課題が頭に浮かび、素晴らしいアイデアがつくれるのかというと、そういうわけではありません。本書を読んで、フレームワークを使っていただくためには、次の**5つの心構え（マインドセット）**が必要となります[6]。

従来の枠組みを崩す（reframing）

本書で繰り返し使われるフレーズは、リフレーム、従来の枠組みを崩そうです。言い換えると、**従来の常識あるいは仮定（assumption）を疑い、機能不全、思考停止に陥っている思い込み・見解を覆す、**となるでしょうか。この問いかけをすることにより、これまで思ってもいなかった新しい世界が目の前に広がります。この心構えが必須です。

仮定とは、ある話を進める、あるいは、ある命題（「真であるか」「偽であるか」を見極める必要がある事柄）を導くための前提条件のことです。

6　このようなマインドセットの必要性は、デザイン思考では特に強調されています。たとえば、Tim Brown, *Change by Design: How Design Thinking Transforms Organizations and Inspires Innovation* (New York: Harper Business, 2009); Tom Kelley and David Kelley, *Creative Confidence: Unleashing the Creative Potential Within Us All* (New York: Crown Business, 2013).

言い換えると、仮定とは前提を仮に設定することを意味しています。しかも、仮定は事実とはかぎりませんし、思い込みかもしれません。さらには、たとえば10年前に、その当時の事実に即して設定した仮定が、今では状況が変わり、現実の状況と相容れないかもしれません。その場合には、その仮定、すなわち前提条件を変え、新しい世界をつくる必要があるのです。仮定はやや理解しにくい言葉ですが、本書の中で、具体例とともに解説していきますので、ここではまず、前提条件と理解してください。

好奇心を旺盛にする（curiosity）

すでに起きている変化を見つけ、それから洞察（insight）を導きます。**洞察とは、ある事象を正確に、深く、直感的に理解することです。ある事象の本質を見抜くことと言い換えてもよいでしょう。**

新しいアイデアを生み出すプロセスでは、まず、あなたの周りを見回し、何が起こっているのかを知ることが、その第一歩です。ですから、毎日の生活の中でふと気づいたこと、勉強中に気づいたこと、電車に乗っているときにふと思いついたこと、街で見つけたこと、**どんな些細なことにでも好奇心をもつ**ことが必要です。もちろん、海外で起きているトレンドは日本では関係ないや、と無視することも禁物です。

プロセスからアイデアを生む（process）

シャワーを浴びている最中に、突然新しいアイデアが生まれることはなきにしもあらず、ではあります。発明・発見、さらには工夫の神様がみなさんを訪れる、その瞬間をシャワーで待ち続けるのも一案ですが、本書ではそれよりも、**プロセスを通じてアイデアをつくる**ことを推奨します。

本書では、いくつかのフレームワークを紹介し、それを応用する作業のプロセスから、アイデアをつくり上げていきます。実際に作業をしてみるとわかるのですが、まったく上手くいかない、良いアイデアが出ない、行き詰まり、泥沼にはまり込む、おしまい、失敗という状況に頻繁に陥ります。
　そのときに、悲嘆にくれるのではなく、これまでのプロセスのどこのステップで問題が起きたのだろうと考え、そのステップに戻り、そこからまた試行を行なう、そうした**試行錯誤と失敗を恐れない心構え**が大切だと考えます。

共感を生む（empathy）

　本書のアプローチは、エンジニアリングのアプローチとは異なります。エンジニアリングでは、ある技術的な課題に対して最適な解を探すことが、その目的と言ってもよいかと思います。本書で扱う課題では、ただ１つの解ではなくて「複数の解」をつくることができます。つまり、正解は存在しません。そして、**つくり上げた解が共感（empathy）を引き起こし、感動を生むのか、という点がここでは重要視**されています。

立ち上がって行動する（action）

　本書は、読んでいるだけでは、その効果は半減します。本書で紹介している「作業」のいくつかを実際に使ってみてください。理想は、小さなグループをつくり、立ち上がって、ホワイトボードに向かって、グループでブレインストーミングを行なうことです。そのグループのメンバーからフィードバックをもらい、他のメンバーにあなたからアドバイスをあげてください。また別のグループと一緒にコラボレーションを試みてください。

写真3　グループでの作業

グループで作業をすることがかなわないならば、自分ひとりで作業したものを周囲の人たちに見せて、たくさんのフィードバックをもらってください。できれば、自分と違うバックグラウンドをもつ人からフィードバックをもらうことがのぞましいです。とにかく、じっとしていないで行動を起こしてください。

最後に、重要だから何度でも繰り返します。**この本で紹介するアイデアのつくり方と枠組みは、知識として覚えるのではなく、結果を出すための道具です**。使うことが何より大事です。

多様性がもたらすもの

５つの心構えの１つとして、プロセスから新しいアイデアを出していこう、と書きました。本書では、このプロセスを順番に解説し、それを一つずつ、ステップごとに応用しながら作業を進めていきます。

新しいアイデアが突然頭にひらめくことももちろんありますが、本書では、**新しいアイデアを出すのは直感にだけ頼るのではなくて、**

「仕事」「作業」から生まれてくるもの、と考えています。

本書の中にちりばめられている作業は、一人で行なっても、もちろんよいのですが、できれば数人のメンバーからなるグループで行なうと効果が高まりますので、小さなグループで作業を行なうこともお勧めします。

グループ内でいろいろな意見を出し合って、1つの決められた方向に向かって議論が進むのではなく、思いもよらないいくつもの方向へ議論が発展していき、あちらからこちらからと多角度で重層的に討議が進むノンリニアな（直線的ではない）ディスカッションに参加し、自分では気づかなかった考えと思いもよらなかったアイデアを他のメンバーから聞くのは大変に有意義ですし、課題を考える上でもぜひ必要です。

また、作業から役に立つ洞察を導くためには、さまざまなバックグラウンドをもつ人が同じグループに参加していると、討議の流れと質が変わることはよくご存知のことと思います。

アメリカでも、本書で紹介しているプロセスの作業を同じ年代の同じ専攻分野の学生だけで行なうのと、その中に他の分野の学生が加わって行なうのとでは、かなり違った内容の討議となります。

多様なメンバーのチームでは、往々にして議論が深くなり、想定外の結果をもたらします。同一の人種的背景の人だけで行なうのと、その中に違うエスニックグループの人が加わるのとでは、グループの世界観が違ってくるのは言うまでもありません。

そして、読者の方々もすでにいろいろな場面で行なわれているように、個々のワークの成果物とメンバーの発言を大きなホワイトボード、あるいは壁に貼った模造紙に書き留めていくことも必要です。書き留めたメモは、記録として保存し、次のワークでもそれを取り出して、そのワークの参考、あるいはインプットとして活用できます。

時には、前段階の成果物に戻り、それを補足、改訂、修正する必要が出てくるかもしれません。

すでに述べましたが、**本書のワークの設問には、はっきりとした正解はありません**。日本の社会では往々にして正解を求め、作業の完璧さを求めることが欧米よりは強く見られる傾向にありますが、少なくとも本書では、正解を出すことは忘れ、突拍子もない新しいアイデアをつくる作業を楽しんでいただきたいと思います。

この本は本文19章と補論から成り立っています。概要は以下のようになります。

第１章～第６章　自分を知る
第７章～第12章　テーマと課題を見つける
第13章～第15章　新しい意味をつくる
第16章～第18章　目的を明らかにする
終章　最後に大切なこと
補論　従来の仮定はもう古い？

第１章から終章は、高校生でも十分に理解でき、作業を進めていくことができます。

一方、補論は、抽象的かつビジネスのマネジメントに寄った内容なので、高校生には難しいと言えるかもしれません。大学生ならば、問題なく理解できるでしょう。

ですから、補論は本文の章には入れずに、付録としてあります。補論を読まなくても、この本の全体の流れと意図は理解できます。

第1部

自分を知る

2022年の日本の高校生のための「自分を知る」プログラム（早稲田塾にて）

第1章

まず自分を知ろう

平凡な自己紹介よりも、あなたの好きなもの、
興味のあるものを語ることで伝わる「自分」。

自分のテーマと課題そしてアイデアは、往々にして、自分が興味をもつこと、情熱を燃やしていること、あるいは、専念していることから生まれてきます。

もちろん仕事であれば、あまり好きではないことにも取り組んでいかなければなりません。高校生、大学生の場合には、ほとんどの方は職業をもっていないと思いますので、自分が好きなこと、情熱を注ぐこと、エネルギーが高まることを見つけてください。そして、そこを起点として新しいやり方をつくるのがよいかと思います。

そこで、この章では、まず「自分を知ること」をその目的とします。

自分を知るといっても、弱点を見つけるのではありません。そうではなくて、あなたがエネルギーを燃やし、専念できる「事」、「物」を見つけます。

それでは始めましょう。まず、次の３つの状況を考えてください。

- エネルギー（energy）をたくさん感じる活動（activities）
- 愛着心や情熱をもって専念（engaged）できる活動
- フロー（flow）になる活動

この３つのうち、はじめの２つ、エネルギーをたくさん感じる活

動と、愛着心と情熱をもって専念できる活動については、説明はいらないと思います。３番目のフローの状況については、知らない人も多いかと思いますので、説明しましょう。

チクセントミハイが発見したフロー（Flow）

ある活動、アクティビティが、次のような５つの心理的状況を引き起こすことを「フロー」と言います。

- 完全に我を忘れて没頭する
- 陶酔感を引き起こす
- 何を行なっているのかを明白に意識する
- 心が穏やかで、平和な状態になる
- 時間が止まっているように感じる

このような状況をあなたは感じたことがあるでしょうか。自分の好きなことに没頭して時が経つのも忘れるようなときですね。たとえば、ギターを弾くのが好きな人ならば、弾いている（アクティビティ）ときは、我を忘れ、陶酔感を覚え、心が穏やかで、時が経つのを忘れる、という状況です。

このような状況は人それぞれで、各人別々です。人によっては、屋外で活動しているとき、スポーツをしているときに、このフローの状況に陥るかもしれないし、別の人は自動車を運転しているときにフローになるかもしれません。

このフローという状況は、シカゴ大学の教授で後にクレアモント大学院大学の教授となった**ミハイ・チクセントミハイ（Mihaly Csikszentmihalyi）**が1975年に発見し、その概念を築きました[1]。

1　フローの概念については、Mihaly Csikszentmihalyi, *Flow: The Psychology of Optimal Experience* (New York: Harper Perennial, 2008) を参照しています。ある活動、アクティビティがチャレンジングであればあるほど、そして必要とされる技能、スキルが高度であればあるほど、フローの状況になることが観察されています。

フローの状況に陥る活動とは、その人にとって極めて自然な状況をもたらす活動であり、その人を無我の境地に到達させることのできる活動です。このフローの状況と、高エネルギーの状況、最も専念できる状況になる活動を見つけるために、ここではマインドマッピングという手法を使います。

マインドマッピング：自分を知るプロセス

マインドマッピングとは、次のプロセスを使って、人の考えていること、思っていることを素早く見つけられます。

①この２週間ぐらいの間でエネルギー（energy）をたくさん感じた活動やテーマ、愛着心や情熱をもって専念（engaged）できた活動やテーマ、そしてフロー（Flow）になった活動やテーマは何ですか。この３つの状況のそれぞれに、そのような状況を引き起こした活動を書き出してください。

図表1-1　マインドマッピング

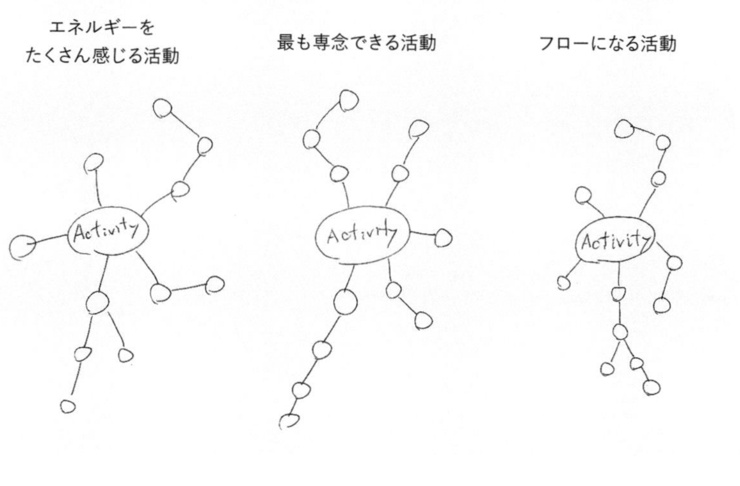

②もし、状況ごとに活動のテーマが複数ある場合には、そのうち１つの活動を選んでください。
③その活動についてすぐに思い浮かぶ「言葉」（文ではなくて）を４～６つ書いてください。
④その「言葉」を書き出したら、その「言葉」から思い浮かぶ言葉をさらにいくつか、その周りに書き出してください。
⑤同じように、作業④で書き出した言葉から連想する言葉をその周りに書き出してください。③から⑤までの作業は時間を５分くらいに決めて素早く行なってください。
⑥出来上がった図をマインドマップと呼びます。
出来上がったマインドマップの作例は図表1-2です。

図表1-2　マインドマッピング：サマンサがたくさんエネルギーを感じる活動

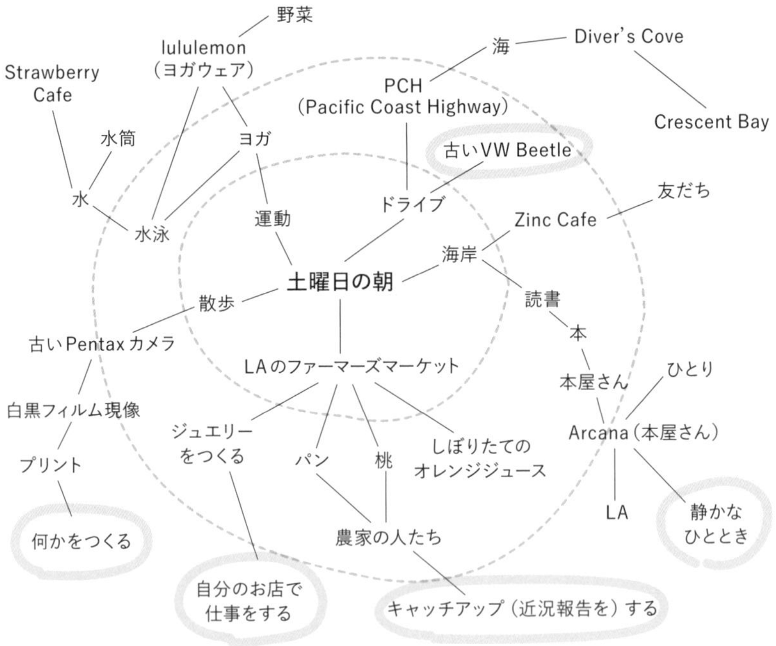

注：英語の言葉は特定の場所、店、物、地名です。丸囲みは洞察の過程で浮き出てきたもので、図表1-3のサマンサの描いたオリジナルのものとは一致しません。

図表1-2はＺ世代の学生サマンサが描いた「エネルギーをたくさん感じる活動」のマインドマップを日本語に訳したものです。彼女は南カリフォルニア出身で、学業のかたわら自分のコスメティック製品のブランドを立ち上げるために奔走しています。ちなみに、マインドマップはわざわざPCを用いて書く必要はありません。図表1-3のように手書きでかまいません。

｜図表1-3｜ マインドマッピング：サマンサがたくさんエネルギーを感じる活動（オリジナル版）

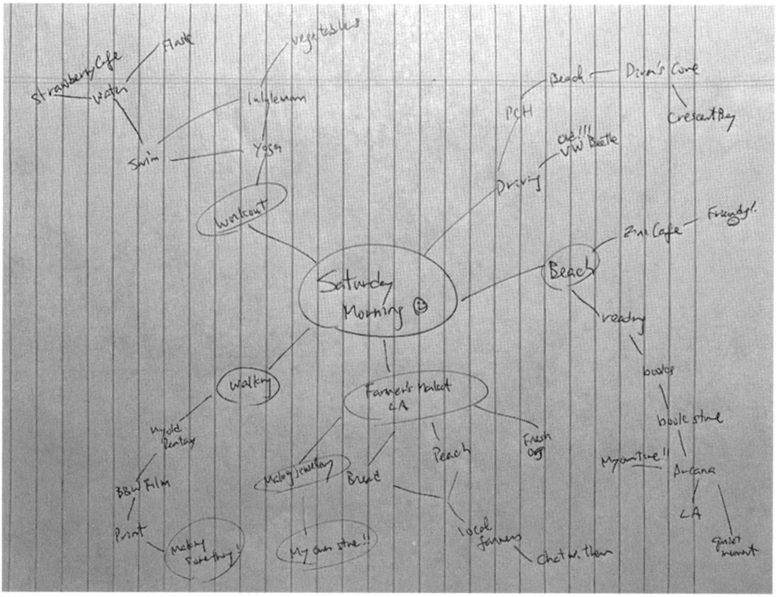

彼女が選んだ活動のテーマは土曜日の朝でした。このマップはサマンサが土曜の午前中にエネルギーをたくさん感じる様子と言ってもよいでしょう。つまり、このマップに描かれたことをするのが、サマンサのエネルギーを高め、時間が経つのを忘れさせることなのです。

マインドマップを作成するプロセスの作業は、まずテーマを選び、そしてその周りに、パッと思い浮かぶ言葉を４～６つ書くことでした。図表1-2には、エネルギーをたくさん感じるテーマである「土曜日の朝」を囲んで、パッと浮かんだ５つの言葉が書いてあります[2]。それは「散歩」「運動」「ドライブ」「海岸」「LAのファーマーズマーケット」の５つです。

次の作業は、それぞれの言葉の周りに、また思いつく言葉を書くことです。ここで思いつく言葉というのは、サマンサがエネルギーを感じる「事」と「物」です。ファーマーズマーケット（近隣の農家が集まり、農産物などを消費者に売る市《いち》場《ば》）からサマンサが思いついたのは、ジュエリーをつくる、パン、桃、しぼりたてのオレンジジュースです。

桃を例にとると、桃に続くのが、その桃を生産する農家の人たちです。さらに進めると、ファーマーズマーケットに出店している馴染みの農家の人たちとキャッチアップ（近況報告を）するおしゃべりです。そして、自分でジュエリーをつくることにもとても専念できるようです。

最初の５つの言葉のうちに「海岸」という言葉もありました。そこから、サマンサは「読書」と「Zinc Cafe」へと充実した時間と重なる言葉をつなげました。多分、海岸に座って本を読むのが好きなのでしょう。

Zinc Cafeは南カリフォルニアのラグナビーチの街の奥まったところにある食事のできるカフェです。お店の場所は海岸沿いではないので、海水浴の観光客には知られておらず、主に地元の人が訪れる落ち着いたお店です。

エネルギーを感じる状態になれる読書の後で、サマンサがさらに充実した時間を過ごせるのはロサンゼルスのアート専門の「本屋さん」でした。土曜日の朝の「散歩」もサマンサを集中させるのですが、そこから派生する我を忘れるひと時は古い一眼レフの「ペン

2　図表1-2の内側の点線内の言葉です。

タックス（Pentax）カメラ」、そして「白黒フィルム」を現像して「プリント」をつくることでした。

写真4 ｜ ラグナビーチ

このマップには、論理的に考えた心理的状態、あるいは「正しい答え」の状態を書いてはいません。サマンサの頭にパッと浮かんだ思いが書いてありますので、このマップを見ることによって、彼女の思っていることがひと目でわかるのです。

マインドマップをつくるときに大切なことは、その場の空気は読まず、正しい答えを探さず、こんなこと書いちゃダメだよねという心のセンサーを働かせずに、パッと頭と心に浮かぶ「物」や「事」を「5分以内」に書き込むことです。

まずは、自分のマインドマップを3つ、エネルギーをたくさん感じる活動、最も専念できる活動、そしてフローになる活動の3つのマップを描いてください。テーマを決めたら時間は5分以内です。

繰り返しますが、マインドマッピングは短い時間の間に、頭に浮かんだことを次々に書き出すのがポイントです。あれこれと深く考える必要はありません。**思ったことをそのまま書くのです。**2022年の夏に、日本の高校生たちにマインドマップを書いてもらったところ、4分でなかなか面白いものを描いてくれました。

ここでのポイントは、**マインドマッピングという自分を知るプロセスを知識として覚えるのではなくて、道具（ツール）として使うことです。**

マインドマップの3つの言葉からわかること

さて、エネルギーをたくさん感じる活動、愛着心や情熱をもって専念できる活動、そしてフローになる活動の3つのマップが描けましたか？

3つのマップはとても似ているかもしれませんし、重複しているかもしれません。それでも問題ありません。

次にすることは、このマップの外側のほうに書いた言葉の中から、あなたがハッと思った言葉、あるいは目についた言葉を3つ選んでください。3つのマインドマップのそれぞれについてこの3つの言葉を選んでください。図表1-2で、サマンサが選んだ言葉は「何かをつくる」「ジュエリーをつくる」「古いVW Beetle」（VWはフォルクスワーゲン）でした。

あなたが選んだ3つの言葉は何でしょうか。

実はそれが、あなたが頭の中で考えている「事」と「物」なのです。普段思い浮かべているかもしれないし、まったく思ってもいなかった「事」と「物」であるかもしれません。とにかく、その「事」と「物」は、あなたが論理的に考えたのではありません。また他の人を真似したのでもありませんし、正解でもありません。あなたの頭の中、心の中に思っている「事」と「物」なのです。つまり、それが、あなたが心底、気にかけている「事」と「物」、深く興味のある「事」と「物」、無我夢中、無我の境地になれる活動なのです。その3つを書き留めておいてください。

その「事」、「物」、そして活動を忘れないでください。なぜならば、それがあなたの自然な姿だからです。

サマンサのマインドマップを見るとわかりますが、土曜日の朝というテーマの周りに書き込んだ言葉よりは、**その次の環状線に並んだ言葉のほうが心理的には深いですね**。そして、テーマから遠く位置している言葉は、テーマ自体とは遠くなっており、テーマとはあまり関係のないような言葉も出てきています。**このマップの最も外側の環状線のあたりに位置する言葉は、サマンサの心理の深層に近づいているとも言えるでしょう**[3]。

そこで、この外環の言葉から浮かび上がる「サマンサがたくさんエネルギーを感じる」のは何なのかを考えてみましょう。この作業では、チームのメンバーが洞察を出し合いながら、答えを導くのがよいと思います。

さて、どのような洞察が導かれましたか。

- サマンサは土曜日の朝は家から外に出たい
- お気に入りのお店（Zinc Cafe, Strawberry Cafe, Arcana）に行きたい

この２つでしょうか。この洞察は、図表1-2のマインドマップを眺めていれば、すぐに出てきますね。でもこれでは、本書の目的である新しいアイデアを出すためには、あまり役に立たないかもしれません。そこで、もう少し深い洞察が必要です。

- 現在あまり使われていない「物」を使いたい（ペンタックスカメラ、白黒フィルム、本屋さん、ファーマーズマーケット、夢の車は昔のVW Beetle）

3　図表1-2で、外側の点線周辺に書かれてある言葉です。

この洞察はどうでしょうか。サマンサは、今、流行している「物」と「事」（ヨガ、ルルレモン〈ヨガウェアのブランド〉、Zinc Cafe〈ヴィーガン料理のカフェ〉）が好きな一方、平均的な消費者が使わないものを好んで使う極端なカスタマーでもあるようです。

サマンサは、ただ格好をつけるために古いペンタックスを首から下げているのではないですね。一眼レフのレンズをいちいち取り替えながら、白黒の写真をフィルムで撮って、ロサンゼルスの暗室の中で数時間かけて自分で現像し、ネガからプリントをつくるのです。

写真5　最近見かけなくなったネガとプリント（上）と流行しているルルレモンの外観（左下）と内部（右下）

デジタルカメラであれば、ピッタリとピントが合った写真が簡単に写せて、自宅で数分の内にプリントができるのに、なぜこのような手間をかけるのでしょう。

アマゾンで注文すれば、同日か翌日に配送してもらえるのに、なぜわざわざ本屋さんに出かけるのでしょう？　近くのスーパーに行けば簡単に済むのに、なぜわざわざ時間をかけて、LAのファーマーズマーケットに出かけるのでしょう？　なぜ手間暇かけて、自分でジュエリーをつくるのでしょう？

そうしますと、もう一歩進んだ洞察は、

- サマンサは手間と時間と労力をかけて何かをしたい

となるでしょうか。さらに進めると、

- 自分の好きな「物」と「事」とインタラクション（対話）をしたい
- 古い一眼レフカメラとのインタラクション、フィルムを自分で現像しプリントを仕上げることとのインタラクション、本と本屋さんとのインタラクション、農家の人とのインタラクション、マニュアルシフトの古い車とのインタラクション、ジュエリーとのインタラクション

ではないでしょうか。この洞察は、最初の２つの洞察と比べると、もうすこし深い意味がありそうです。Z世代のサマンサは、こうした「物」と「事」が現役だった頃のことは知らないのですが、彼女はこれらを今好きで、今使いたいのです。

毎日の生活がスマホのスワイプに追われ、スワイプに溺れそうなので、土曜日には一気にそれを超えて、「自分のお気に入りの『物』と対話」し、アマゾンの当日配送ではなくて、ファーマーズマー

ケットに出かけて行き、そこで昔ながらに「人と対話」することがサマンサにエネルギーを与えるのです。

マインドマッピングは、まさにそれを描いた人の頭の中を表しているのです。

この作業を日本の大学院生にやってもらいました。そのクラスに参加していた大学院生の一人が彼のマインドマッピングを見せてくれました。彼は「日曜の午後の街を歩く」という彼が情熱を燃やすテーマで始めたのです。

そして「アイスクリーム」とすぐに書き留めたまではよかったのですが、それから２分経っても、次の言葉が浮かんできません。彼が困っているので、どうしたのと聞くと、彼曰く、「アイスクリームしか思い浮かびません」。きっと、その日の彼の頭の中はアイスクリームで一杯だったのでしょう。

Point!

この章のポイント

自分のテーマと課題、そして新しいアイデアは、往々にして、自分が興味をもつこと、情熱を燃やしていること、あるいは、愛着心をもって専念していることから生まれてきます。自分が好きなこと、情熱を注ぐこと、エネルギーが高まることを見つけてください。まず自分を知りましょう。

マインドマップをつくるときに大切なことは、その場の空気は読まず、正しい答えを探さず、こんなこと書いちゃダメだよねという心のセンサーを働かせずに、パッと頭と心に浮かぶことを５分以内に書き込むことです。

Challenge!

ためしてみよう

図表1-2と1-3を参考にして、自分のマインドマップを描いてみましょう。

この2週間ぐらいの間にエネルギーをたくさん感じた活動、愛着心や情熱をもって専念した活動、そしてフロー（flow）の状況を感じた活動、テーマを書き留めます。そして、その活動、テーマについてすぐに思い浮かぶ「言葉」を4～6つ書いてください。その「言葉」を書き出したら、その「言葉」から思い浮かぶ言葉をさらにいくつか、その周りに書き出してください。同じように、他の書き出した言葉から連想する言葉をその周りに書き出してください。それぞれの活動について時間を5分くらいに決めて素早く行なってください。

自分が専念していること、情熱をもっていることから、どのようなことが言えましたか？　今まで知らなかった自分を見つけましたか？　驚き、サプライズの発見は何でしたか？

第2章

SOAR
――そして、舞い上がれ！

以前から考えていた進路、「すべてが可能だったら」と考えた進路、
迷ったらプロトタイピングを行なってみよう。

　この本の目的は、自分の未来をつくることですが、その前に必要なのは、あなたが自分を知ること、と前章で話しました。次の一歩は、自分を知った上で、未来に向けて舞い上がる（ここでは、簡単にSOAR、ソアーと呼びましょう）ことです。

写真6｜未来に向けて舞い上がる

自分を知ることは、将来に向けての出発点となります。自分が今どこにいるのかを知らなければ、将来がどこにあるのかがわかるわけありません。そして、自分を知っていれば、それから次のステップへ向けて自分を進歩させることができ、自分のブランドをつくることにもつながります。

それでは、**自分を変化させ、舞い上がる（SOAR）とはどういうことなのでしょうか**。現在の自分の状況を知り、課題がわかり、自分を変革し、自分の考えているプランを実行することとこの本では考えます。つまり、**現在の自分の立ち位置を知り、そこから次の目的へ移ること**です。

そうしますと、マインドマップで現在の自分を知った後、次に行なうことは自分のライフプランをデザインすることです[1]。

「すべてが可能だったら」ライフプラン

あなたが高校生、大学生ならば、まだ10代半ばから20代はじめだと思います。20代後半、あるいは30代の人がこれからの人生のプランを立てるのと違い、たくさんの未知の変数があなたの進む道に散らばっていますし、今立てたプランは数年後に変わるかもしれません。

そうであっても、高校生の方たちは、一体自分は将来何をしたいのだろう？　大学に進学したら何をしたいのだろう？　大学を卒業したら何をしたいのだろう？　と考えるのはとても大切です。それによっては、あなたが大学に進学する際に決める学部が違ってくるかもしれません。

すでに大学生の方たちは、現在大学生活を送っているわけですか

1　このように自分の人生をデザインしていく方法については、Bill Burnett and Dave Evans, *Designing Your Life: How to Build a Well-Lived, Joyful Life* (New York: Alfred A. Knopf, 2016) を参考にしています。

ら、ライフプランの問いかけは、大学卒業後何をしたいのだろうに絞られます。

そして、大学を卒業してから20年、あるいは25年経っている社会人の方たちは、今の仕事を辞めて転業、転職することは簡単ではないと思います。しかし、その一方で、現状に100%満足しているわけではなくて、これからの人生で一度「本当にやりたいことをやってみたい」と思われている方も多いのではないでしょうか。その気持ちを捨てないでください。

前章で３つのマインドマップを作成してもらいましたが、それをもう一度取り出してください。その３つのマップから、目の前にぱっと見えた３つの言葉をそれぞれのマップから選んでもらいました。その言葉を見つめてください。

それが、あなたのエネルギーを高め、我を忘れて専念でき、フローの境地に入れる活動、「事」、そして「物」でした。ここではマインドマップから選んだ言葉を基にして、あなたが本当にやってみたいことを中心にすえた、これから５年間の人生のプランとして描いてください。

重要なポイントは、マインドマップから浮き出た活動、「物」と「事」に忠実にしたがうことです。そこから出来上がる人生のプランが「えー、こんなの無理よね」「まったく実現不可能だね」でも、それがあなたの心の中にある本心なので、それでよいのです。

この「**すべてが可能だったらライフプラン**」に加えて、もう一つ人生のプランを描きましょう。それは、あなたが**これまで考えてきた、「予定しているライフプラン」**です。

高校生の方は、高校を卒業してから５年の人生のプラン、大学生の方は大学在学中から５年の人生のプランを書いてください。今、40代半ばの方は、これから５年というよりも、これから15年、20年の間の元気なうちに、何をしようかという第二の人生とも言えるような人生のプランを考えてみるのはいかがでしょうか。
この人生のプランは「**予定しているライフプラン**」です。
さて、この作業から浮き上がってきた「**すべてが可能だったらライフプラン**」は、これまで思っていた「**予定しているライフプラン**」と同じでしょうか。それともまったく違っているのでしょうか。どこが違っていますか。どちらのプランを追求したいですか。
もし２つのプランが違っている場合には、あなたは少なくとも２つのプランをもっていることになります。これまで思っていたプランと、マインドマップから浮き上がってきた、あなたが心の奥底で思っているパラダイスのプランですね。

人生のプロトタイピング

違うプランが２つできた人は少し難しい問題に直面しています。将来、どちらのプランを選ぶのか、という選択の問題です。もし、２つのプランを試すことができて、その結果によってどちらかの道を選ぶかが決められたら、願ったり叶ったりで、理想的ですね。
でも残念ながら、このような理想的な人生のテストはできないのが普通です。仕方がないので、少しでも理想のテストに近づく努力してみましょう。
みなさんはプロトタイプという言葉をどこかで聞いたことがあるかもしれません。ある製品、技術を開発する段階での試作品と言ってもよいでしょう。
試作品ができたら、それを実際に試してみて、想定していたように作動する、共感を呼ぶ、あるいは上手くいくのかを確かめるのです。そのような作業を「プロトタイピング」と呼びましょう。
さて、あなたがつくったライフプランのプロトタイピングはどのようになるのでしょう？　もちろん試作品をつくるわけにはいかないので、別の方法を考えなければいけません。

その一方、みなさんはこのプロトタイピングと本質的に同じことをいろいろな場面で少なからず体験しているのです。

まず、スポーツを考えてみましょう。各々の得意なスポーツ、好きなスポーツ、情熱をもっているスポーツがあるかと思います。あるいは、スポーツはまったく嫌い、無関心という人もいるでしょう。

それでは、どうやって自分の得意なスポーツ、好きなスポーツ、スポーツは嫌いと決めたのでしょう？　なぜ、野球ではなくてサッカーを選んだのでしょう？　ラグビーではなくて、なぜ柔道にしたのでしょう？　あるいは団体競技はダメだけど、個人競技は自分には向いているとわかったのでしょう？　なぜスピード感のある競技が好きとわかったのでしょう？

もちろんさまざまなケースがあるとは思いますが、いろいろなスポーツを学校で、あるいは放課後に試してみて、その結果から選んだからではないでしょうか。つまり、こういう「お試し」はプロトタイピングと本質的には同じです。

バイオリンではなくて、チェロでもなく、ドラム

音楽ではどうでしょうか。筆者の知人の娘さんが10歳の子供のときにバイオリンを習い始めました。でも、レッスンはあまり好きではありませんでした。

それで心機一転を図り、中学生になってからチェロを試してみました。ところが、これもどうも気に入らず、ダメでした。

ある日、娘さんのバイオリンの先生がドラムのセットをもっていたので、そのセットに座ってみたのです。そして先生に少し手ほどきを受けて試してみたら、これが自分に合う楽器とすぐにわかったのです。これもプロトタイピングと同じですね。いろいろ試してみて、はじめて自分に合った楽器がわかったのです。

これと似たようなプロトタイピングの例としては、美術・デザインの大学を選ぶ人たちです。子供のころからいろいろなことを試してみて、自分に合った分野を選んだ高校生です。子供のときから絵がとても上手くて、その方面に進学しようとなんとなく思っていた15歳のアシュリーは、高校1年生の夏休みにパサデナのアートセンター・カレッジ・オブ・デザイン（ArtCenter College of Design 以下アートセンター）の「デザイン360°」という2週間60時間のコースに参加していろいろな科目を試してみることにしました[2]。

写真7　私立の美術大学アートセンター・カレッジ・オブ・デザインではアートはもちろん、プロダクトデザイン、写真、映像まで幅広く学べる

そのコースでは、広告、環境デザイン、映画、美術、グラフィックデザイン、イラストレーション、写真と映像、プロダクトデザイン、トランスポーテーションデザインの分野が何であるかを習い、

2　ArtCenter ACX Teens プログラムで開講している Design 360° というコースです。

実際に作業をしてみます。

このコースに参加する前、アシュリーは美術（fine art）としての絵画を考えていたのですが、コース修了後には、美術ではなく、グラフィックデザインがとても気に入ったようでした。

理工系[3]の高校生も、大学が開催する夏休みのサマースクールでいろいろな科目を実際に試し、その中から自分の好きな科目を見つけることができます。大学で生命科学を専攻することを考えていた高校２年生のエミリーは、大学の授業とはどういうものか、それまでまったく知りませんでした。

そこで、カリフォルニア大学アーバイン校のサマースクールに参加することにしました。夏の４週間のプログラムを修了し、エミリーは大学の理工系の授業がどういうものかの大まかな感じがつかめ、自信を得ました。そこで願書は思っていた通り、生命科学部のある大学に出しました。エミリーの体験もプロトタイピングの例です。

このようなプロトタイピングから自分の進む道を決めていくことも、自分を舞い上がらせるために必要です。

医学から政治学・法学に転向した高祖父

余談になりますが、筆者の高祖父は越前福井の藩医の家に生まれ、藩立医学校に学びました。藩命により長崎で蘭学を修めた後、1870年に政府給付留学生としてドイツ、ベルリンのフンボルト大学に留学しました。ところが、フンボルト大学で解剖に立ち会ってから、解剖学は自分がやりたいことではないとわかったようなのです。

その後、先輩の強い勧めもあって、政治学・法学の分野に転向し、

3　アメリカでは、理工系はSTEM（Science, Technology, Engineering, Math）と呼ばれています。

ライプツィヒ大学、ハイデルベルク大学で法学学位を取得後、1877年に帰国しました。今とは違っておおらかな時代であったので、このようなことができたのでしょうが、この逸話はクラシックなプロトタイピングの話です。どうやら筆者の先祖は留学先で分野を変更して、舞い上がったようです。

医学の場合には、特に学校の成績がよいからという理由、家業だからという理由で、医師になるのはお勧めしません。やはり、人を助けることに対してエネルギーが湧いてくる、情熱や熱意をもって専念できる、そして外科手術中にフローになれる人だけに医師になってもらいたいものです[4]。

特定のスキルを必要とする分野（理工、技術、科学、美術、芸術、デザイン等）では、何らかの形でその分野を事前に試すことができると言えそうです。

そうしますと、問題は文系のプロトタイピングです。たとえば経済学部を目指している場合、どうやって経済学部を試せばよいのでしょう。たくさんの高校生が、経済学とは一体何であるかあまり知らずに、なんとなく進学するようです。以前であれば、就職に有利そうだから、経済学部を選ぶというケースは多かったのではないでしょうか。

アメリカの高校では経済学の授業を選択できるので、そこで少し経済学を知ることができます。AP（Advanced Placement）と呼ばれる大学レベルの授業をとっている高校生は、大学レベルの科目、たとえば心理学、世界史、アメリカ史、人文地理、文学、生物、化学、物理、外国語、ラテン語、政治学、マクロ経済学、ミクロ経済学、数学、音楽理論、美術史等[5]の授業をとれるので、それなりに

4　外科手術中にフローになるのは、チクセントミハイ教授が発見したフローの状況のクラシックなケースです。Mihaly Csikszentmihalyi, 2008（同前）を参照。

5　外国語はドイツ語、フランス語、スペイン語、中国語、日本語等々の科目があります。AP レベルの科目を履修後、一般試験を受けてパスすれば、大学進学後にそれらの科目が履修免除となり、他の科目を履修することができます。

プロトタイピングはできます。

日本の高校生も、ぜひ機会あるごとに大学レベルのいろいろなプログラムに参加して、プロトタイピングをして、自分がやりたい分野を見つけることをお勧めします。

経験者と話してみる、体験してみるのが大事

話を戻して、読者のみなさんの人生のプロトタイピングですが、大学の学部を決めるのと同じように、チャンスがあれば、とにかく経験者と話をしてみる、体験してみるのがキーワードです。

1つ目の方法は、あなたのプランと似たようなプランを実際に実行した人たちから話を聞くことです。プランに描かれた仕事に実際に就いている人たちに自分のプランについて話し、その人たちからフィードバックをもらえれば、とてもよいでしょう。

2つ目の方法は、大学生であれば、もちろんインターンシップを獲得して、実際に働きたい仕事を少しでも体験してみることです。

3つ目の方法は、友だちと自分たちのライフプランを互いに共有して、そのグループの人たちからフィードバックをもらうことです。このグループに友だちだけではなく、経験がすでにある先輩に入ってもらうのもよいでしょう。

Point!

この章のポイント

自分を知り、自分のテーマと課題がわかり、自分の人生のプランをつくり、そして自分のブランドをつくること、言い換えると、舞い上がる（SOAR）ことは、グローバルな高度技能人材として活躍するために、とても大切です。

Challenge!

ためしてみよう

あなたが書いたプランをもう一度読み返してみてください。実行に移すために、まずプロトタイピングをしてみましょう。書いた人生のプランそのもののプロトタイピング、たとえばインターンシップ、あるいは実際にその仕事を試してみるのは容易ではありませんので、まずはハードルの低いところから始めてみましょう。

あなたが書いたプランを自分の身近な人に話してみるのはどうでしょうか。高校生や大学生であれば、友だち、先輩、サークルの仲間、恩師の先生から始めてみてください。

社会人の方であれば、友人、飲み友だちだけではなくて、実際にその業界の専門家に話をしてみる、あるいは伝手《つて》を頼って現場を見学に行くのはどうでしょう？　これまで20年、25年の間に構築した人間関係が一気に役立つかもしれません。

第3章

自分が本当にしたいことは何だろう？

ブランドとはロゴではなく、
数値やストーリーで他との違いを示すもの。

ここまで、手を動かしてきた、あなたの手元には、

- マインドマップ：エネルギーをたくさん感じる、愛着心や情熱をもって専念できる、そしてフローになれる活動
- ライフプラン：これまで考えてきた「予定しているライフプラン」と、「すべてが可能だったらライフプラン」

がすでにあります。みなさんは、エネルギーをたくさん感じ、情熱をもって専念でき、フローになれる「すべてが可能だったらライフプラン」をデザインし、それのプロトタイピングを行ないました。

そして、その結果はどうだったのでしょうか。結果がどうであれ、「すべてが可能だったらプラン」が、あなたが真にやりたいことであるのを忘れないでください。

プロトタイピングの結果が納得のいくものであったら、それに基づいて、進学する学部を選び、職業を選ぶのはどうでしょうか。**これが自分をSOARすることです。未来をつくるための新しいやり方（イノベーション）です。**

日本ではAO入試は総合型選抜と呼ばれるようになり、大学入学の選抜方式として採択する大学が近年増えてきています。そのよう

な状況では、総合型選抜を目指す日本の高校生にとっては、自分を知り、真にやりたいことに向かって舞い上がり、自分のブランドをつくることが、とても大切になります。

AO入試とブランディング

大学入学のためのAO入試のような選抜方式は、日本では慶應義塾大学のSFCが1990年に導入したのが始まりです。アメリカの大学へ秋の新学期からの入学を希望する高校4年生（シニア）は、その前年の10月から12月にかけて、“アドミッションズ・オフィス”に提出する多くの書類の準備で忙しくなります。

と言っても、近年では、志願者が各大学別に願書と書類を送るのではなく、Common Application、あるいはUniversal Applicationといったデジタルのポータルサイトに全大学共通のたくさんの必要事項を記入し、そこに複数の推薦状と必要な書類を添付して送ります。そして、入学を志望する大学名を選び、各大学別に設定された質問に答え、課せられたエッセイを提出します。

序章ですでにお話ししましたように、この選抜方式では、共通学力試験のSAT/ACTの成績は重要ではありますが[1]、それですべてが決まるわけでは決してありません。むしろ、この方式は志願者の高校4年間の学業成績・課外活動・その他の活動・成果、そして複数の推薦状から、その人を総合的に考慮した人物像をつくり、その人物像が志望する大学が期待するプロファイル、つまり学生像と適合しているかによって選考する方式、と考えていただければよいかと思います。

つまり、**志願者の“ポートフォリオ”が重要**であり、学業成績はその一部なのです。ポートフォリオはもともと書類を運ぶケースの

1　新型コロナ感染拡大により、アメリカの大学では2021年から少なくとも2025年まで、SAT/ACTの得点の提出はオプションとなり、選考のための審査の対象から基本的には外されています。

意味ですが、ここでは、学業成績や課外活動・その他の活動の成果、推薦状をまとめたもので、大学が志願者を選考するときに使う資料を意味します。このポートフォリオの中で、選考に**重要なウェイトをもつのがエッセイと推薦状**です[2]。

志願者は、自分はどういう人物であり、これまで何をしてきたか、何を達成したか、何に関心があり、どのようなチャレンジに直面したのか、どのようにそのチャレンジを克服したのか、志望の大学で何をしたいと考えているか等々を、短いエッセイの中で書き表さなければいけません。

つまり、ここで重要になるのが、**志願者のブランディング**なのです。**自分はこういう人間で、こういうブランドをもっている、自分は他の志願者とは違う、だからこの大学は自分に合っている、といった具合に「自分の物語（ナラティブ）」を語り、自己をアピールする必要があるのです。**

高校生の読者にはブランドという言葉が聞き慣れないかもしれないので、簡単に説明を加えておきます。一般的にブランドというと、すぐに思い浮かべるのは、たとえばナイキのスウッシュ（Swoosh）、アディダスの３本線、あるいはマクドナルドの黄色いMのロゴではないでしょうか。

ナイキのスウッシュを見ただけで、クール、かっこいい、機能的、デザイン、ランニング、いろいろなスポーツ、有名なスポーツ選手を想起するかと思います。

アメリカの幼児が生まれてはじめて覚え、一生忘れないロゴとブランドは、多分マクドナルドのあの黄色いMであろうと筆者は考えます。

というように、ロゴはその製品、企業の顔、つまりアイデンティティとなることができるのです。

2　芸術、音楽、デザイン等の学部に応募する場合には、自己の作品のポートフォリオが必要となります。

しかし、よく知られたロゴだけでは、ブランドを確立することはできません。そのロゴを裏打ちする製品の質、機能性、デザイン、価格、顧客サービス、お店の立地、アフターサービス、広告、そして物語が兼ね備わっていなければいけません。

さらには、企業の組織、文化、歴史、ナラティブ、パーソナリティも、ブランドを築くための特性です。つまり、製品、企業のブランドは、単にロゴだけではなくて、こうした多様な特性を整合的に統合して、はじめてそのブランドが確立されるのです。

このようにある製品やサービス、そして企業が、多様な特性からブランドを確立していく作業をブランディングと呼びます。

ここで覚えておいていただきたいのは、ブランドは消費者、顧客、ユーザーに、彼ら彼女らの視点から見て、その製品と企業がいかに他の製品、他の企業と違うかを識別、認識してもらうことにあります。

さて、この概念をあなた自身のブランドに当てはめて考えるとどうなるでしょう。繰り返しになりますが、自分はこういう人間で、こういうブランドをもっている、自分は他の大学志願者とは違う、他の志願者といかに違うのか、自分が情熱をもっていること、自分が専念していること、自分のパーソナリティはこうです、だからこの大学は自分に合っている、といった具合に「自分の物語（ナラティブ）」を語り、自己をアピールすることが、AO選抜では必要なのです。

ですから、願書のエッセイの課題を自分が情熱を抱いている活動、我を忘れて没頭している活動、フローになれる活動に沿って書くことも大切です。「もしすべてが可能だったらライフプラン」を思い出してください。

なぜならば、それが、あなたの自然の姿であるからです。ですから、第１章で制作したマインドマップをここでも忘れないでください。

ブランディングには数値だけではなく物語が必要

　入学願書に書き込まなければいけないから、急に出願前２カ月の間に自分を見つけ、ブランディングするというわけにはいきません。自分のブランドを付け焼き刃ではない、オーセンティックな（正真正銘の）ものにするために、大学進学を目指すアメリカの高校生は、いろいろな活動に参加し、そこで成果を出すことに焦点を合わせながら、４年間の高校生活を送ります。

　個人のブランディングは、試験の得点、学業成績といった客観的な成果に加えて、「自分の物語」でもあるのです。敷《ふ》衍《えん》すると、ある製品の客観的な性能・機能だけではなく、それに加えて、感情に訴える物語が聞く人の心をつかむのと本質は同じなのです。

　大学のアドミッションズ・オフィスでは、志願者のエッセイを読み、ポートフォリオをじっくりと見て、時にはインタビューをして志願者を観察して、その生徒の人間像を見極めるのです。言い換えると、そこでは観察から洞察を導く作業を行ない、そして審査をしていくのです。

自分がしたいことは徐々にわかるもの

　また、アメリカのリベラルアーツ系の大学では、入学時に専攻分野を決めないで入学します。これは入学時にどの専門分野が本当に自分に合っているのかわからない学生にとってはとても都合の良いシステムです。

　つまり、大学在学中にさまざまな科目を履修しながらプロトタイピングができるのです。たとえば、日本の高校生向けのプログラムに講師として筆者と一緒に参加しているレスリー・ネグリット先生はクレアモントのポモナ大学出身で、ポモナでの専攻は国際関係論とスペイン語でした。

国際関係論にさらなる興味が湧いたレスリー先生は、カリフォルニア大学サンディエゴ校の国際関係・環太平洋研究大学院に進学し修士号を取得しました。当初は国際関係の仕事を探していたのですが、ある日、自分の長所は「何事も計画的にきちんとこなすこと」だと気づき、大手会計事務所のアーサー・アンダーセン[3]に就職することに方向を転換したのでした。そして現在は、ロサンゼルス自然史博物館[4]の CFO（最高財務責任者）を務めています。

写真8　ロサンゼルス自然史博物館

3　現在はコンサルティング会社のアクセンチュア。

4　ロサンゼルスのダウンタウンの南側、南カリフォルニア大学（USC）のキャンパスの南端に隣接した場所にエクスポジションパークという大きな公園があります。この公園にはロサンゼルス五輪の会場となったロサンゼルス・メモリアル・コロシアム、スペースシャトル・エンデバー（Endeavour）が現在納められているカリフォルニア・サイエンス・センター、そして1913年に開館したロサンゼルス自然史博物館があり、ロサンゼルスの名所です。

もう一人の講師カタリナ・ピック先生はウェルズリー大学出身で、大学でははじめ経済学専攻を目指していたのですが、経済学の授業を履修するにつれて経済学が嫌いになり、途中で心理学の専攻も目指しました。なんとか持ち堪《こた》えて経済学専攻でウェルズリーを卒業した後、ハーバード大学大学院に進学しました。

大学院では経済学ではなく、社会学の修士号を取得したのですが、ピック先生はさらにプロトタイピングを続け、最終的には組織行動学を専攻し博士号を取得しました。

今でこそ行動経済学の分野が脚光を浴びていますが、ピック先生が学生だった20年以上前の経済学では、人間の行動にはあまり焦点が当てられていなかったのです。

そこで、ピック先生は「人間をより深く理解し、その行動を分析する分野に自分の興味があり、それがしたいこと」だと知り、ハーバードビジネススクールでリーダーシップ、チームワーク、組織行動学の分野の研究を選んだのでした。

｜写真9｜ハーバード大学

ライフプランを教える２人の歩みも、紆余曲折があるようです。こうした紆余曲折を踏まえて「物語」が生まれ、２人のブランドが出来上がったと考えています。

Point!

この章のポイント

全身でエネルギーをたくさん感じ、愛着心や情熱をもって専念でき、フローになれるライフプランをデザインし、それのプロトタイピングを行ないました。そして、その作業から浮き上がってきたプランが、あなたが真にやりたいことなのです。この作業を通じて、今まであなたが知らなかった、気がつかなかった「真にやりたいこと」「自分に合っていること」が次第に浮き上がってきましたか。

Challenge!

ためしてみよう

他の人の「物語」を聞いてみてください。きっといろいろな気づきがあると思います。親の高校、大学時代の話を聞くのもよいでしょう。

筆者がいつも読むのを楽しみにしており、しばしば大きな気づきをもらえる新聞記事があります。それは『日本経済新聞』に掲載されている「私の履歴書」です。毎月１人いろいろな分野で活躍されてきた方が生まれてから今日に至るまでの物語を毎日綴っていきます。これを読むと、人生にはたくさんの分岐点があり、成功も失敗もあり、楽しいときも悲しいときもあり、高揚するときも落ち込むときもあり、登場している方々がいろいろなプロトタイピングを知らず知らずに実行し、そしていかに自分のブランドをつくり上げてきたのかがとてもよくわかります。読んでみてください。
この章ではブランディングの話もしました。
そこで、もう一つ、あなた自身のブランドを書き出してみましょう。あまり考えずに、さっと頭に浮かぶあなたのブランドは何でしょう？　どのような特性がそのブランドの背後にあり、そのブランドの礎になっているのでしょう？

第4章

「SDGs」より「自分にピッタリ」が大事

自らのテーマはSDGsから選ぶのか、
それとも選んだテーマが偶然SDGsだったのか。

さて、第1～3章では、これまで気づかなかったかもしれない自分を知り、自分が情熱を注ぎ、時を忘れてフローな状態になって、専念することを知りました。さらに、そこから自分の人生のプランをつくり、自分のブランドをつくることにも触れました。

これまでの作業を通じて、みなさんには「自分を知ること」の大切さを少しでも理解していただけたかなと思います。自分を知るということがこの本の唯一の目的であれば、この本はここで終わりとなるのですが、この本の目的はそこで終わりではありません。

あなたがここまでのところで知った「自分」をこれから活かしていくことが、この本の大きな目的なのです。言い換えると、自分を知ったので、それをインプットして、使ってみるのです。

高校生と大学生のあなたにはこれから5年の人生のプランを書いてもらい、40～45歳の社会人の方にはこれから20年、25年のプランを書いてもらいました。そのプランを実行するにあたり、これからいろいろな未来に遭遇すると思います。

前章の「ためしてみよう」で、『日本経済新聞』に連載されている「私の履歴書」について触れましたが、いろいろな道で成功し、名を成した方の人生にはいろいろな岐路があり、その岐路に立つたびに重要な決断を下した経験が書かれています。
成功するためには、そのときに運がよかった、有力な人脈があった、資産があったということもあるようですが、多くの方々がそれ以上に述べられているのは、ビジョンをもっていた、目的をもっていた、一生懸命努力した、情熱をもって仕事をした、その仕事に専念した、そして、自ら未来をつくっていったことです。こうしたことこそ重要、と筆者は個人的に理解しています。

「自分を知る」から「自分で未来をつくる」へ

そこで、この章からは、自分で未来をつくるにはどうしたらよいのかを考えていこうと思います。もちろん、未来をつくるのは簡単ではありませんし、未来をつくるための完璧なツールと概念は存在しないでしょう。けれども、これからの章で紹介するいくつかのツールと概念は、あなたの視点を少しだけかもしれないけれど、未来に向かわせるための役に立つはずです。
高校生で日本の総合型選抜による入試を考えている人、あるいはアメリカのAO入試で、アメリカの大学に留学しようと考えている人たちにとっては、自分の研究課題とエッセイ、小論文のテーマを見つけることが必要です。
大学生であれば、卒業論文、あるいは研究課題を見つけなければなりません。
また、新しいやり方、新機軸を見出し、それを事業機会にして起業したいと考えている人も少なくないかと思います。
そして、営利企業、非営利団体を問わずに、社会人の方は、将来に向けて常に新しい事業機会を模索されていることでしょう。
もし、このようにあなたが抱えている課題、すなわち「未来をつくる」ことが、「自分のしたいこと（自分のライフプラン）」と重なっていたらどうでしょう。この章からは、この点についてあなたと考え、新しい課題を見つけ、新しいアイデアを出し、未来をつくる作業をしていくことにしましょう。

この本の「序章」で述べましたように、ここで紹介するフレームワークを使ってプロジェクトの課題を見つけ、あるいは新しい事業機会を見つけ、新しいアイデアをつくるには、

- 従来の枠組みを崩す（reframing）
- 好奇心を旺盛にする（curiosity）
- プロセスからアイデアを生む（process）
- 共感を生む（empathy）
- 立ち上がって行動する（action）

の心構え（マインドセット）が必要です。もちろん、このほかにも、いろいろな心構えが新しい発想を生むには必要かとは思いますが、この５つが最低限必要とこの本では考えます。

さて、ここまでの章で、あなたは自分を少し知り、自分をSOARすることも知りました。エネルギーをたくさん感じる活動、最も専念できる活動、そしてフローになる活動がわかりました。

それらの活動、あるいは「事」と「物」は、あなたが大変に興味をもち、情熱を傾け、労力を厭わない活動でもあるわけです。言い換えると、先に述べた５つの心構えを受け入れやすい、あるいは、そのような心構えをもって、すでにいろいろな活動に専念していると言ってもよいのかと思います。

そうしますと、新しいアイデアを出し、新しいやり方を見つけるためには、まさにピッタリ、そうした活動、「物」、「事」から始めるのが手っ取り早いのです。自分の関心のあることで、情熱を傾けていることですから、状況をよく把握しているし、何が課題かも端的にわかっている。好きなことなので、行動する労力は惜しまないし、情熱をもっているので、どのように共感が生まれるのかも知っ

ている。そして、従来の枠組みとプロセスも理解している、となるのではないでしょうか。

ここで言う「物」とは、第１章のサマンサのマインドマップで書かれていたような、たとえば、古い35mmフィルムを使うペンタックスのカメラ、古い自動車、あるいは新鮮なオレンジジュースといった製品、物そのものを指します。一方、「事」は、カメラとか自動車という物そのものではなくて、あることをする、ある場所に行きあることを体験する、あるいはある行動を起こすことを指します。

まとめますと、高校生、大学生のみなさんがプロジェクトを起こすには、エネルギーをたくさん感じ、愛着心や情熱をもって専念でき、フローになれる課題を選ぶのがよいでしょう。

そして、社会人の方は、そう簡単には自由が利かないとは思いますが、それでも、愛着心と情熱、熱意をもつ仕事、プロジェクトに参加することができる職場に身を置くことも、ライフプランのテーマになるのではないでしょうか。

「SDGsだから」で、テーマ選びをしていないか？

日本でも同様かと思いますが、アメリカの大学でも国連（UN）の提案するいわゆる17のSDGs（Sustainable Development Goals）に沿って、社会的なインパクトのある研究や活動を行なうことが推奨されています。

よくご存知の通り、SDGsは地球に住む人たちの平和と繁栄のためのブループリント（設計図）とされており、提案されている17の課題は、どれもとても大切です。

社会的インパクトをもつ研究と活動を広める波は、ビジネススクールにも押し寄せており、その成果についての年次報告が当然のことになってきています。

さて、そのような状況ではあるのですが、たとえば、教授と研究者にSDGsの中から研究と活動を行なってください、と頼んでもそう簡単にはことが運ばないのが実情です。

研究といろいろな活動が成果を上げるためには、それらを行なう教授と研究者が情熱をもって、エネルギーをたくさん感じなければ、上っ面だけの報告書のための研究と活動に終わってしまうのです。

その一方、クレアモント・カレッジズとドラッカースクールのビジョンと目的のひとつは、この国連のSDGsが掲げられる前から社会的な貢献でした。

言い換えると、SDGsに含まれている課題は、ドラッカースクールの教授、学生、そしてクレアモント・カレッジズに所属する教授と学生にとって、以前からエネルギーをたくさん感じ、情熱をもって専念してきた課題でもあったわけです。

ですから、このSDGsの17の課題のメニューから、これとこれをやっていこうと決めたわけではなく、これまで行なってきたいろいろな活動は、「そう言えばSDGsの○○○の課題に当てはまるね」「SDGsに何らかの貢献ができそうだから、もう少し掘り下げてみよう」となっているにすぎません。

つまり、国連のSDGsの課題だから、どうしてもやってくださいと頭ごなしに押しつけられたからやっているのではなくて、SDGsの課題に以前から深い関心があったので、その活動を続けてきたということになります。

課題の見つけ方――問いかけの答えとして

筆者の知る限りでは、日本の高校生や大学生は、SDGsについても社会的インパクトの重要性についても、非常によく知っているようです。

忘れないでほしいのは、たとえばプロジェクトの課題を選ぶときに、「なんかよくわからないけど、社会的インパクトがあるとされている課題を選んでおけば間違いないな」「これがトレンドで、みんなこれを選んでいるから私もそうしよう」とか、「他に良い題材が見つからないから、消去法で決めて無難にこれでいこう」という風に課題を選ぶことはやめよう、ということです。

むしろ、本書が強調したいのは、「自分が本当にやりたいことは何だろう」「自分が大きなエネルギーを感じる課題は何だろう」「自分が情熱をもって専念できる活動は何だろう」という問いかけの答えとしての課題を見つけてください、ということです。

そのようなリフレームによって課題を選べば、良好な成果を達成できるでしょう。

筆者がこの数年の間に教える機会（対面とオンライン）をもった日本の高校生に研究課題のテーマを聞くと、やはり多くの人がSDGsの17の課題のうちの1つをあげる傾向があります。

もちろん、これは非常に大切なことなので、何もそのことをとがめる気は毛頭ありません。むしろ、その傾向をもっと推し進めてほしいのです。

高校生の中には、上に紹介した問いかけからその答えを探り、その結果、SDGsの課題に到達した人も多くいます。本当に到達した課題とその課題のもつ社会的インパクトに共鳴して、熱意をもって取り組んでいる高校生たちです。その人たちは、その熱意とエネルギーを自分のブランドとして、他の高校生と違いをつくることができるでしょう。

ありきたりではなく、自分の課題を選ぶ

しかし、その一方で、高校生の中には、学校でこの17の課題の中から選びなさいと言われて選んだ人、クラスの仲間がやっている

からその課題を選んだ人もいるのではないでしょうか。
　この場合には、その人たちは自分のブランドと物語をうまくつくることができるでしょうか。みんなと違っても、ちょっとずれていても、興味をもっているのは自分だけかもしれないけれど、自分のエネルギーを注いで、専念できる課題があれば、それを選んでみるのはどうでしょうか。
　与えられたメニューから、ありきたりに課題を選ぶのではなくて、自分が主体性をもって、自信をもって専念できる課題を選ぶのが大切です。

Point!

この章のポイント

　「SDGsの課題だから」という理由で、自分の活動やプロジェクトを選ぶことは、ありきたりの道を歩むことになり、ブランディングとは真逆の結果をもたらすことになる。

Challenge!

ためしてみよう

　自分の本当にやりたいことをいくつか書き出してみよう。そして、そのやりたいことのリストをSDGsの17の課題と照らし合わせてみよう。やりたいことは、17の課題のうちのどれに当てはまりますか。それともまったく17の課題に該当しませんか。該当しない場合には、どうしますか？

第5章

動物園ではじめて象さんを見るとき

観察と体験があなたの頭を刺激。
今までと違う発想と新しいアイデアのきっかけとなる。

筆者が教鞭をとるドラッカースクールでは、2011年から毎年交互にクレアモントのキャンパスと東京で日本の高校生のためのプログラムを開催してきました。

これまで、すでに延べ300名以上の高校生が参加したこのプログラムは英語で行ない、その学習目的は日本では普段できない体験を日本の高校生にしてもらうことです。

グランドセントラルマーケットでの昼食

さて、2016年8月にクレアモントで開催されたプログラムには高校生22名が参加し、数日をかけてロサンゼルス近郊のいろいろな場所を訪問しました。ある日の予定では、ロサンゼルスのダウンタウン、ブロードウェー通りに1917年から営業しているグランドセントラルマーケット（Grand Central Market）での昼食が入っています。

ここは広い空間にアメリカ料理とエスニックフードのお店40店ほどがひしめき合っている、まさしくストリートフードのマーケットなのです。場所はロサンゼルスの観光名所の一つである登山電車エンジェルスフライトレールウェー（Angels Flight Railway）の登山口駅の真ん前にあります。ちなみにこの登山電車は1901年開業で、ナローゲージの電車が約90メートル登ります。

写真10　ロサンゼルスのグランドセントラルマーケット

グランドセントラルマーケットを訪れると、まず騒音、人の多さと賑わい、混沌、匂い、店の多さに圧倒されます。特に、はじめて海外から訪れた人にとっては、さて何を食べようかなと、何度も店内を歩き回っても何だかよくわからない、メニューがわからない、どういう注文の仕方なのか、注文の列がどこから始まるのかわからない、運よく注文できて、食べ物を受け取ったとしても、座る場所が限られている、どこで食べてよいのかよくわからない、というわからない尽くしの苦行を強いられる場所なのです。日本の高校生に与えた昼食時間は1時間、各々が好きなものを食べて、その後、店の前で集合となりました。

与えられた1時間が経ち、ボツボツと高校生が集まり始めました。そこで、ドラッカースクールの教授が「何を、どこで、食べたか」を高校生に聞いてみると、4人の女子のグループはピザを食べたと報告してくれました。英語は通じたかとの質問には、笑いながら

「なんとか」だったそうです。

次の４人の女子が食べたのは、ハンバーガー。もう１組の女子組は、メキシコ料理のタコスを食べたようです。「英語は？」の質問には、ゲラゲラ笑って「言っていることがよくわからなかったけど、楽しかったー」と意気が上がっています。

男子４人組は、手堅くラーメン、もう１組も同じくラーメン。何でラーメンと聞くと、「注文しやすかった」との一言です。

さて、最後の男子３人組に同じ質問をすると、「食べなかった」と教えてくれました。何でと聞くと、「注文の仕方がよくわからないし、どれを選んでよいのかわからなかった」そうです。グループの中には、トイレに行きたかったけれど、行かなかったという男子高校生が２人ほどいました。場所がわからなかったのかと思い、「地下に行く階段を降りると、すぐ見つかるよ」と教えてあげると、「知っています」との返事です。「大丈夫？」と聞くと、「あのトイレに入ったけれども、汚いし、何とも落ち着かないのでやめた」とのことです。

ある高校生は冒険好き、チャレンジに旺盛に立ち向かい、はじめての環境でも適応性があるけれど、別の高校生は見慣れぬ光景に圧倒され、日本とは違う状況に簡単に適応できないことが往々にしてあるのです。

「これ、ヤバい」「マジで」とささやかれた通り

昼食の後は、ロサンゼルスに新たに開発されたアーツディストリクト（Arts District）に徒歩で訪問するのがプログラムです。距離的には遠くなく、徒歩で20分もあれば楽に行ける距離です。

ところが、その通り道には、カリフォルニアのスモークストア（紙巻きタバコからパイプ、電子タバコ、合法カナビスまで取り扱う店）やいろいろなエスニックの商品のお店が並んでいる通りがあ

ります。その通りは、特に昼間は物騒というわけではないのですが、日本の町とはまったく違う雰囲気、日本では見かけない商品と人々、時折ホームレスの人が店の前に寝ていたりする通りです。

とにかくダウンタウンの山の手にあるビジネス街から徒歩で下ってくると、眼に映る光景の落差が大きいのです。

｜写真11｜ ロサンゼルスのオールド・ダウンタウン

ドラッカースクールで組織論・チームワークを教えるカタリナ・ピック教授お薦めの、このルートをグループ一同元気に歩き始めました。高校生はなごやかにおしゃべりをしながら、写真を撮りながら、２〜３人の小さなグループでばらばらと歩いていたのですが、その通りに差し掛かると突然、おしゃべりが途絶えました。

それまでは三々五々といった感じで歩いていた高校生が、アメーバの結合のように、ぎっしりと詰まった一つの集団に変わったのです。聞こえる言葉は「これ、ヤバい」「マジで」という小声だけです。ロサンゼルスに住んでいる人から見れば、見慣れた光景なのですが、日本の高校生にとっては、突然別世界に迷い込んだようだったのでしょう。

さて、１週間の夏のプログラムも無事に終了しました。お別れパーティーを開いたレストランの席で、このルートを選んだピック教授が最後に、今年のプログラムのどこが一番印象に残りましたかと、高校生に聞きました。すると、ほとんどの高校生が「あのヤバい通り」が一番思い出に残ったと言いました。

「えー、日本の電器製品売ってない」

さて、その年の日本の高校生のためのプログラムでは、家電量販店ベスト・バイ（Best Buy）、電気自動車のテスラ（Tesla）のディーラー、オーガニックフードのスーパーマーケット、現在アマゾン傘下のホールフーズ・マーケット（Whole Foods Market）も訪問しました。

家電量販店ベスト・バイでの45分の店内観察の後、日本の高校生に感想を聞くと、「日本のテレビが、あまり置かれてない」「店内に展示してあるテレビの画面が大きい」「VIZIOってどこの会社？」「カメラのコーナーがとても小さくて、製品がほとんど置いてない」「サムスンばかり」「アップルとマイクロソフト、サムスンのコーナーがとても大きい」「LGって日本の会社？」「冷蔵庫、洗濯機が大きくて、日本の製品が一つもないのにサムスン製品がある」等々のたくさんの反応が返ってきました。

もちろん、このような日本の高校生の観察は日本のビジネスパーソンの方々にとっては、何を今さらと思う方も多いでしょうが、日本のビックカメラ等の家電量販店で日本のブランドとその製品を見慣れていた高校生にとっては、大きなショックだったこともつけ加えておく必要があると思います。

彼らにとっては、「えー、アメリカの家電販売店では日本の電器製品をあんまり売っていない。日本とちがーう」、なんで私たち知らないの、という一大発見です。

絵本からの想像と動物園で見る実物

さて、このような日本の高校生のロサンゼルスでの体験と観察の逸話は他愛もない話と思われるかもしれませんが、本書にとっては実は大切な話なのです。

なぜかと言うと、プログラムに参加した高校生が日本ではできない体験をした、そして日本では見られない日常の光景を観察したからです。今までしたことがない体験、見たことのない物をはじめて観察することが新しい世界観を生み、それが新しいアイデアの始まりとなるのです。

言い換えると、**体験と観察が新しい発想とアイデアを生むための端緒**となるのです。まず自分の眼で見て、自ら体験することは、本で読んだこと、テレビやインターネットで見たこととは違うのです。

昔、あなたが小さかった頃に好きだった絵本に動物の絵本があったのではないでしょうか。そこには、ライオン、キリン、白熊、象、シマウマ、サイさんたちが綺麗な色で描かれていたと思います。その本を見て、読んでもらって、あなたは自分なりに、ライオンさんの姿、キリンさんの身長、象さんの大きさを想像していたことでしょう。

読者のみなさんが生まれてはじめて動物園に行った日のことを思い起こしてください。今までは絵本でしか見たことのない動物たちに、はじめてお目にかかれたのです。

キリンさんは、本の中では、本の大きさに収まるように小さく描いてありました。象さんも本の１ページを使って描いてありました。

ところがです。実際に見るキリンさんはとても背が高いことに気づきました。そして、象さんの実物は絵本の中の絵と違って巨大で、シワシワで、匂いがしたのです。みなさんは、まさにびっくりしたことでしょう。これが**観察**することなのです。

今までに見たことのないことを見て、「へえー」「わー」「あっ」と反応したり、「ほんと？」「なんだこれ」と思うことです。

「動物園の象さん」を見て「あっ、こんなことがあるんだ、知らなかった」「えっ、すごいね」「へえー」と言いながらの体験と観察が、まさにカリフォルニアの家電量販店を訪れた日本の高校生にとっての「えー、何で日本の洗濯機、冷蔵庫売ってないの」という体験と観察なのです。

そして、グランドセントラルマーケットで「アメリカのトイレは落ち着かない」となり、アーツディストリクトへの徒歩訪問では、こんな所があるんだ、ヤバいと咄嗟に反応したわけなのです。

他愛もない疑問から本質を見抜く

さて、ここで大切な点は、「へえー」「わー」「あっ」と反応するだけで終わらずに、これを「何で」「どうして」の問いにつなげることです。

「何で、カリフォルニアの家電量販店では日本の洗濯機と冷蔵庫を売っていないの？」
「何でアメリカにはホームレスの人たちがたくさんいるのだろう？」
「何でグランドセントラルマーケットには、いろいろなエスニックフードがあるのだろう？」
「何でアメリカのトイレは日本ほど清潔じゃないのだろう？」
「何でアメリカのトイレのドアは床まで届いていなくて、足が丸見えなのだろう？」

等々がこれまでのところの問いになるでしょう。

そして、さらに、**このような他愛もない疑問の答えを探してみる**

のが大切なのです。このような素朴な問いをバカにしないで、その答えを見つけるのです。それがテーマと課題につながります。

そして、**あなたの観察と体験から洞察を導いてください。ここでの洞察とは、観察し体験した物事の本質を見抜くことです。**

一体、あなたが体験して、あるいは観察して「へえー」「わー」「あっ」となぜ思ったのでしょう？　なぜ、今まで日本では観察、体験できなかったのでしょう？　なぜ、これまでの体験とは違うのでしょうか。そして、そこから何が言えるのでしょうか。

言い換えると、絵本で慣れ親しんでいたキリンさんと象さんとは違い、動物園にいる本物のキリンさんは背が高く、本物の象さんは大きくて、シワシワで、匂いがするのです。この違いに直面して、どんな疑問をもちましたか？　そして、その疑問をどう解消しましたか？

Point!

この章のポイント

観察とは、今までに見たことのない「事」と「物」を見て、あるいは、見ていて気づいていなかった「事」と「物」に気づいて、「へえー」「わー」「あっ」と反応することです。そこにとどまらず、「なぜ？」「どうして？」への問いをつなげ、物事の本質を見抜くこと（洞察）が大切です。

Challenge!

ためしてみよう

数年前のドラッカースクールの授業で、参加した学生が何かを観察して、観察した事象の本質を見抜くことのワークショップを行ないました。

そのときはスターバックスのために家庭用のコーヒーマ

シーンをデザインするプロジェクトで、数チームがスターバックスのお店に行き、そこで1～2時間ほどの観察をしてきました。

あるチームは観察によって、お客さんの数名が店内で履いていた靴を脱いでいたことに気づきました。

さて、このお店で、靴を脱ぐことの観察から導かれる洞察は何でしょう？

なぜコーヒー店で靴を脱ぐのでしょう？　そして、それはスターバックスにとってどういう意味があるのでしょうか。これは一つの例にすぎません。街に出て、いろいろな観察を繰り返してください。

第6章

洞察
——言うは易く行うは難し

洞察は本質を見極めることと言うけれど、
「見極める」にはどんなことをすればよいのか。

生まれてはじめて動物園で象さんを見た瞬間に、あなたはそれまで思い込んでいた「絵本の中の世界観」から、「ポスト動物園の世界観」に移行したのです。

日本の高校生のカリフォルニアでの体験は、「ポストカリフォルニア旅行の世界観」を参加したみんなに植えつけたことでしょう。

新しい世界を知り、その世界を観察し、体験することが自分の未来をつくるためのはじめの一歩です。とは言うものの、ただ体験して、観察しただけでは、自分の課題、テーマ、あるいは問題意識はそう簡単には生まれてきません。次に必要なのは、そこから本質を見極める、言い換えると洞察（insight）を導くことです。

ところが、この観察して洞察を導く作業というのは、「言うは易く行うは難し」なのです。筆者が教える専門職大学院のクラスで大学院生からも、「一体、洞察するとはどういうことなのでしょうか？」という質問をよく受けます。簡単な例を一つあげてみましょう。

「アメリカンガール」コリーヌ

次の写真を見てください。

| 写真12 | アメリカンガールのコリーヌ・タン

この女の子のお人形の名前はCorinne（コリーヌ）と言います。少しじっくりとコリーヌのしていることとそのプロファイル（人物像）を観察してください。そして思いついたことをいくつか書き留めてください。

何と書きましたか？

「雪の中をハイキングしている」「犬を連れている」「妹がいる」「髪は黒いようだ」「アウトドアが好き」でしょうか。では、顔つきはどうでしょうか。

このお人形は1986年に市場に導入されたアメリカンガール（American Girl）というブランドの2022年の新作です。コリーヌの顔をよく見ると、どうも目つきと顔の輪郭からアジア系の女の子のお人形のようです。アウトドアが大好きで活動的で、実は黒い髪にハイライトを入れて自分を表現するのを厭《いと》わない現代的なプロファイルの女の子です。

ここまで読んで、あなたの反応はどうでしょうか。「ふーん」でしょうか。「かわいいね」でしょうか。「それともアメリカンガールなのに何でこのプロファイルなの？」でしょうか。

このお人形を観察してみて、あなたの頭に湧いた素朴な疑問は何ですか。

「コリーヌはどこに住んでいるのだろう？」「姓は何ていうのかな？」「何でアメリカンガールはこのアジア系の女の子のお人形をつくったのだろう？」「今までアメリカのおもちゃに、アジア系のお人形ってあったの？」等々ではないでしょうか。

読者の中にはすでに、この素朴な疑問を調べ始めている人もいるかもしれませんね。

バービー人形が象徴しているアメリカ

さて、コリーヌの観察から導かれる洞察は何でしょう？　少し長くなりますが、考えてみましょう。

アメリカを代表する着せ替え人形としては、マテル（Mattel）社のバービー人形が、多くの方の頭にパッと浮かぶと思います。1959年にアメリカで導入されたバービーのアイデアはオリジナルではなく、ドイツのリリ（Lilli）人形がその先行モデルでした。バービーは1950年代後期から1960年代にかけてのアメリカを象徴するように、ウィスコンシン出身で、金髪で白い肌、体型も原寸にすると5フィート9インチ（175cm）で並外れた容姿の女性です。

初年度の製品は35万体の販売を記録し、それ以来、今日に至るまで生産販売されています。バービーも今や60歳を超えていますが、アメリカの人口構成の変化、人種問題、そしてグローバリゼーションを考慮に入れて、これまでに何度もイメージチェンジを試みてきています。肌の色の違うバービー、金髪ではないバービー、着物をはじめとして民族衣装を着たバービー等々です[1]。

そうは言うものの、いわゆる生まれた氏素性は隠すことができず、多様性という面からは、近年、批難を浴びているのは仕方がないと

1　Robin Gerber, *Barbie Forever: Her Inspiration, History, and Legacy* (Bellevue: Epic Ink, 2019) を参照。

ころです。バービー人形の姿は、「大きくてパワーのあるものは良いものだ」主義、アメリカのマッチョ主義にも相通ずるものがあると言ってもよいかと思います。アメリカンフットボール的な逞しさ、強靭さ、勇敢さというイメージのつけ合わせとなる金髪のチアリーダーの女性の姿が、バービーの全盛期のイメージです。

バービーに代わるというわけではないのですが、同じくマテル社から1986年に市場に導入されたアメリカンガールはバービーとは違う方向を目指しています。バービーの特徴はバービーという女性のルックスだったのですが、アメリカンガールは見かけではなく、お人形が具現しているペルソナの物語がその特徴です。

「はじめて」のアジア系のお人形

そのため、アメリカンガールは一人の女の子のお人形ではなくて、多数の女の子のお人形です。アメリカの歴史の中で生活し、活躍した女の子の物語、物語の情景の中で着ている洋服とアクセサリー、使っている道具、調度品を、お人形と一緒に買うことができます。

このような、アメリカの歴史の中の女の子以外にも、お人形を買ってもらう女の子が好む髪の色、肌の色、目の色、顔の輪郭と目の形を組み合わせて人形を選ぶこともできます。

ポイントは、アジア系の女の子が、金髪の白人の人形の着せ替えをして遊ぶのではなく、黒髪、茶色い目、少し有色の肌、そして細い目のお人形で遊べるのです。アメリカンガールのお人形は、目の色7色、肌の色6色、髪の色8色、顔の輪郭と目の形5タイプ、髪型14スタイルの組み合わせでカスタマイズできます[2]。

ところが、読者のみなさんは驚くかもしれませんが、このように

2　https://www.americangirl.com/create-your-own/create/ 参照。髪の色、目の色、皮膚の色、顔の形をカスタマイズすると1680通りの組み合わせが可能です。アメリカンガールは品質、人形ごとの洋服・アクセサリー、背の高さ（46cmと大きい人形）等で、高価格（人形1体＄115）ですが、他にはないポジションを市場で確立しています。

多様性を謳うアメリカンガールでも、2022年まで純粋にアジア系の女の子の顔つきをしたお人形はなかったのです。
　マテルのアメリカンガールのブランドは1986年につくられたのですが、このコリーヌ・タンがこのブランドではじめてのアジア系のお人形なのです。

コリーヌが生まれた理由

　さて長くなりましたが、本題の洞察に入りましょう。あなたの洞察は、どのようになるでしょうか？　このコリーヌの例からは、たくさんの洞察を導くことができるでしょう。その洞察を書き出してください。筆者が導いたいくつかの洞察を簡単に書いてみましょう。

　日本と違い人口老齢化が比較的ゆるやかなアメリカでは、**人口老齢化とは別の人口動態の変化**、たとえば**人種構成の変化**が重要な長期的トレンドです。
　特に人種構成比率のトレンドがこの40年間に大きく変化してきている州としてカリフォルニア州があげられます。1980年にはカリフォルニア州の人口の7割近くが白人でしたが、その比率が徐々に低下し、2017年には4割を切っています。それと対照的に2010年まで年々増加したのが、ヒスパニック系のアメリカ人です。
　ところが、この上昇トレンドもそれ以降は低下傾向に転じ、代わって長期的上昇傾向を示しているのはアジア系のアメリカ人なのです。
　言い換えると、アジア系の顔をしたお人形がつくられた背景には、こうしたアメリカにおける人口動態の変化があるのです。
　多様性（diversity）というと、社会には多様な背景の人が生活している、そこでそうした人々の違いを無視せず、その違いに敬意をもって接し、違いを理解するのが重要と、一般的には理解されていると思います。つまり、アメリカンガールの人形の種類で表せる多種多様性です。

もちろんこの違いを認識するのは重要ですが、もう一歩進んで、子供たちに遊びながら学んでもらいたいこと（これがアメリカンガールのポイントでしょう）は、このような多様化した社会で生活し、さらに、そこで貢献していくためには、自分が誰だかを知り、多様化した社会で自分のブランドをつくり、自分の特性を活かしていくのが大切だということです。

この洞察から、まずアメリカでは「**人口動態が変化**」しており、人種構成が変化していることがコリーヌの生まれた理由であることがわかりました。

特にアジア系アメリカ人の相対的な増加、そして高技能職におけるアジア系の比率の増加、そして結果としての所得の上昇です。それにともない、アジア系の子供たちは、なぜ自分たちは白人をモデルとしたお人形で遊んでいるのだろうか、自分のアイデンティティをモデルにしたお人形はないのかなと思い始めました。

つまり、お人形はあるけれど、「**なんかしっくりしないな**」「**なんか変だな**」「**どうして？**」と思うような「**不調和**」がある状況が生じたのです。

さらに洞察すると、1986年からマテルのアメリカンガールでアジア系の顔をしたお人形をつくっていなかったのだけれども、2020年代になって、ついにそうはいかなくなった。

アジア系の家庭の所得が上昇し、アメリカンガールのような高価格帯のお人形を求める主要なお客様になってきた。今までは、あまり大切にせず、むしろ蔑《ないがし》ろにしてきた層だけれど、今やそうはいかない。

そこで、「**認識を変えた**」のでしょう。つまり、マテルは現状を観察し、これまでの認識を変えたのです。さらに、髪の毛の色、眼の色、目の形、顔の形を組み合わせて、「何となくアジア系」のお人形をつくるやり方から、一気に「まさにアジア系」のお人形をつくったのです。言い換えると、これまでのやり方を変えて、「**新しいやり方**」を取り入れたのです。

まとめますと、**コリーヌの観察から次の洞察を導くことができました**。

- 人口動態の変化、人口構成の変化
- 不調和の存在
- 認識の変化
- 新しいやり方の必要性

どうやら、新しい製品（この例ではお人形）がつくられた背景には、この４つの要因が大きな影響を与えていると洞察できるのです。

Point!

この章のポイント

ただ体験して、観察しただけでは、新しいテーマ、課題、あるいは問題意識はそう簡単には生まれてきません。次に必要なのは、そこから本質を見極める、言い換えると洞察（insights）を導くことです。

Challenge!

ためしてみよう

「観察する→体験する→素朴な疑問を投げかける→調べる→洞察する」を行なってください。題材は身の回りにあるものでもかまいません。自分で題材を見つけるのも一つの訓練ですが、次の題材をためしてください。

- 美術館あるいは博物館に行ってみましょう。そして、館内にいる訪問客が何をしているのか観察しましょう。どういう人がいますか？　何をしていますか？　何か変だなと思うことはありますか？　どのような洞察が導けますか？
- マクドナルドに行って、どういう品物がメニューに載っているのか、そしてどの商品が売れ筋なのか観察してみましょう。日本のマックで売っている品物はアメリカのサイト（https://www.mcdonalds.com/us/en-us.html）の品物と同じですか？　もし違うのならばなぜですか？　洞察してみましょう。
- コーヒー店に行ってみましょう。そこには誰がいますか？　何をしていますか？　勉強していますか？　なぜコーヒー店で勉強しているのでしょうか？

第2部

テーマと課題を見つける

感じたこと、考えたことをどんどん書き出してみよう

第7章

今どこにいるの？
―― 未来をつくる「はじめの一歩」

未来をつくる、と言ってもどこから始めればよいのやら……。
自分の立ち位置、そして変化とトレンドに注目しよう。

さてここまでで、自分を知り、自分が情熱や愛着心をもって取り組む活動がわかりました。そして、観察、洞察を行なって、活動、「物」や「事」を掘り下げて、それらの本質に近づく方法を見てきました。

次のステップは、その活動から、どのように問題意識を掘り下げ、研究テーマや課題、自分が取り組むべきプロジェクトにつなげていくのかのプロセスを知ることです。そして、そのテーマと課題に対して新しいアイデアを出すことになります。

ところで、本書の狙いは「自分を知る」と「未来」を掛け合わせて、「未来をつくる」ことです。でも、未来をつくると言っても、スティーブ・ジョブズでもないし、ましてやトーマス・エジソンでもないのに、そう簡単に未来なんかつくれないよね、と多くの方が思われるのではないでしょうか。

まさにその通りで、誰もが画期的なインベンション（発明・発見）とイノベーション（新しいやり方と工夫、新機軸、変革）を起こせるわけではありません。

でも、そう悲観的にならないでください。全世界の未来を変えるような発明や新機軸は起こせなくとも、みなさんなりに、家族のため、組織のため、コミュニティのため、地域のために貢献できる新しい考えはたくさん見つけることができます。
それでは、新しいアイデアを出すために使う最初のフレームワークを紹介しましょう。

シュンペーターの破壊的創造

20世紀最大の経済学者の一人、オーストリア出身の**ヨーゼフ・シュンペーター（Joseph A. Schumpeter）**は、1942年に出版した *Capitalism, Socialism, and Democracy*[1] の中で、

「創造的破壊（Creative Destruction）が資本主義の本質となる事実である」

と説きました。アメリカをその最たる例とする資本主義経済では、絶え間ない変化が社会・産業・企業に起こり、既存の体制・状況を壊し、そのことが経済発展の原動力となっていると、オーストリアからアメリカへ移住したシュンペーターは洞察しました。
そして、**創造的破壊の原動力となるのがイノベーションであり、それを実現するのがアントレプレナーであると説いた**のでした。
シュンペーターの考える資本主義経済では、絶え間ない技術革新とイノベーション（新しいやり方、新機軸、変革）が引き起こす破壊が、変化をもたらし、それが経済成長につながるのです。ですから、**「変化」こそが「未来」を築いていく**のです。
言い換えるならば、変化が滞った産業・企業のもとでは、経済成長も滞るのです。そして現在観察できる「変化」だけではなく、

1　Joseph A. Schumpeter, *Capitalism, Socialism, and Democracy* (New York: Harper and Brothers, 1942).

「その変化の根底に横たわる変化」をも見つけなくてはいけません。

そうしますと、**未来をつくるために必要なはじめの一歩は、「自分が今どこにいるのか」を知ること**です。みなさんがどこに位置しているのかを知らずしては、何が前進で、何が後退なのかもわかりません。自分の立ち位置を知ってこそ、何が未来なのかを知ることができるのです。ですから、自分が選んだテーマに関連したデータから現状をまず把握します。

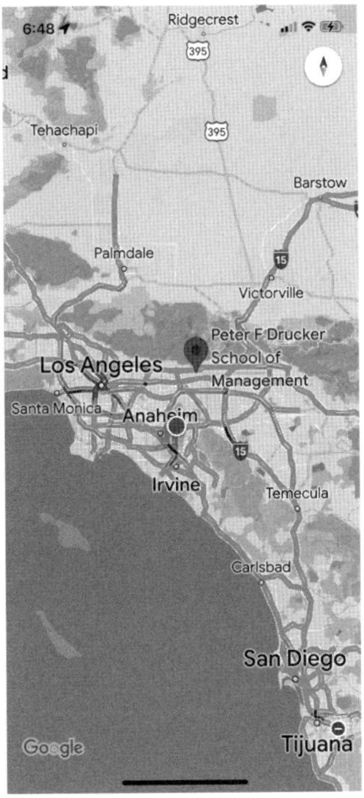

写真13　立ち位置を知る

次に、変化・トレンドを見つけ、洞察を導き出すことが重要となります。いくつかの要点を整理しましょう[2]。

2　ここで紹介される手法については山脇秀樹『戦略の創造学』東洋経済新報社、2020も参照してください。

変化とトレンドを見つける

すでに起こった変化とトレンドと言うと、すぐに思い浮かぶのは技術の変化、あるいは技術革新かと思いますが、それ以外の領域にも変化は起こります。

大きく分けると、少なくとも５つの変化が考えられます。**社会（society）、技術（technology）、経済（economy）、環境（environment）、そして政治（politics）の変化**です。この５つの領域は相互依存的な関係にあり、これらの領域の諸変化は互いに影響し合うという複雑な関係にあります。

そして個々の領域は、さまざまな要因によって決定されていると考えてよいでしょう。これらの諸要因は非常に多岐にわたりますが、代表的な要因としては、以下のものがあげられます。

● 社会（society）
人口動態
社会通念、価値観
生活様式、ライフスタイル、行動様式、嗜好
認識、教育

● 技術（technology）
科学、技術
研究開発、技術革新、イノベーション
新しい知識、教育

● 経済（economy）
産業と市場[3]、企業組織、競争力

3　市場（しじょう）とは、売り手と買い手が商品・製品、サービスを交換する場を意味します。たとえば、自動車産業のメーカーは自動車を売るために買い手を探し、自動車を買いたい消費者は自動車の売り手を探します。その売り手と買い手が出会うのが市場です。

マクロ経済、経済成長
労働市場、人材育成、技能育成、スキル形成
金融
貿易・直接投資[4]

● 環境（environment）
サステナビリティ
環境、資源

● 政治（politics）

この５つの領域の英語の頭文字をとって、これらの領域は通常**STEEP**と呼ばれ、一般的には、ある時点の状況を観察するのに使われます。

本書では、ある時点におけるSTEEPのスナップショット（一時点での状態を保存したもの）をとるのではなく、STEEPの「変化」と「トレンド」、そして変化とトレンドの根底にある要因を見つけ、そこから未来を洞察していきます。ポイントは、今現在の立ち位置を理解し、そこで起きている変化を知ることです。

３つの簡単な問いかけをして、前に進みましょう。最初の問いは「**今どこにいるの？**」です。ここでのキャッチフレーズと言ってもよいかもしれません。

そして「**ここからどこに行くの？**」が次の問いかけとなるでしょう。

その問いに答えを出すために、もう一つ簡単な問いかけをしてみましょう。それは「**今何が起こっているの？**」です。

4　直接投資とは、海外で事業活動を行なうために、企業が海外の生産設備、流通網、販売組織等に投資することです。

2016年の女子高校生が再び、
2022年のロサンゼルスにやってきたら

それでは「今どこにいるの？」と「今何が起こっているの？」について例をあげて考えてみましょう。

2016年にロサンゼルスのグランドセントラルマーケットで昼ごはんをゲットするのを楽しみ、テスラのディーラーでテスラを買いたいと思った日本の女子高校生たちは、2022年には23歳の社会人になりました。日本帰国後の水際措置が緩和されたので、彼女たちが久しぶりに日本を出てアメリカの南カリフォルニアに旅行に来たとしましょう。

サンタモニカ、カリフォルニア大学ロサンゼルス校（UCLA）のキャンパス、あるいは近隣のウェストウッドとブレントウッドの街に散策に出かけたとすると、いったい2016年からの６年の間に何が変わったのでしょうか。

読者のみなさんが身の回りを観察しても、いろいろな事象を見つけることができるかと思いますが、まず目につくのは街を歩いている人たちの格好、着ている服ではないでしょうか。もし、高校、大学のキャンパスにでも立ち寄るチャンスがあれば、ぜひ観察してみてください。

カリフォルニアでは以前から服装はカジュアルですが、それがさらにカジュアルになったことに気づかれるでしょう。

特に女性の着ている服は、ヨガ用に開発されたレギンス、タイツ、それにＴシャツかタンクトップ、少し寒ければ、その上にヨガ用、あるいはジムトレーニング用のジッパー付きの軽いジャケット、それに、スニーカーが今やお決まり、定番の格好です。

以前は、カナダ発のルルレモン一辺倒だったのですが、それに、

ロサンゼルス発のブランドAlo Yogaが参入し、さらには他の類似品ブランドも参入し競争が激化しています。

男性もカジュアルがさらにカジュアルになり、以前はカジュアルだった“ビジネスカジュアル”は今や堅苦しい格好とみなされ、“カジュアル”だった、いわゆる上半身はYシャツだけの男性の姿も、職種にもよりますが、以前よりは少なくなりました。

もちろん、こうした服装のカジュアル化はこの10年の間に世界的に浸透してきているトレンドかとは思います。

新型コロナ感染が下火になっても、遠隔での仕事が定着したために対面でのミーティングの頻度が減ったことが、このトレンドを一層推し進めているようです。ビデオに写る上半身さえきちんとしていれば、下半身はパジャマのパンツであろうが、短パンであろうが、問題ないというようなトレンドになり、従来の服装に関する仮定が変化してきています。

さらには、足元のスニーカーを見ると、ひと昔前はナイキ、アディダス、ニューバランスあたりが目につきましたが、最近ではサステナビリティをその製造過程の目的として明示しているブランド、たとえばスイス発のOnは瞬く間にブランドをつくり上げ、ウェストロサンゼルスの街を歩くとそのロゴが目につくようになってきました。

生活様式のカジュアル化、オフィスに毎日行かないで遠隔で仕事をするライフスタイルの浸透、ミレニアル世代とZ世代の環境問題とサステナビリティへの意識の高さ等といった社会、経済、環境、技術の変化とそのトレンドが相互依存していると言えるでしょう。

そして、通りを見れば、今や至る所に電気自動車（EV）が走っています。2016年だったならば、まだテスラの初代モデルSを時々見かけるくらいだったのですが、今やいろいろなモデルの小型のテスラが一昔前のプリウスを彷彿とさせるように走っているのを見ると、日本から久しぶりにカリフォルニアを訪れた方は仰天するでしょう。

もっとびっくりするのは、もうすでにアメリカのフォードのマスタングのEV、ドイツのVWとアウディ、スウェーデンのボルボのEVに加えて、新規参入のリヴィアン（Rivian）の電気トラック（ピックアップ）を時々街で見かけるようになってきたことではないでしょうか。そして、ごく最近では韓国のヒョンデのEV車アイオニックもこのリストに加わっています。

｜写真14｜ リヴィアンの電気トラック（ピックアップ）

このEV市場の変化は、産業の変化、技術の変化、企業間競争、ガソリン価格の大幅な高騰だけではなくて、環境問題に大きな関心をもつミレニアル世代が自動車購買層としてその地位を高めていることにもあります。

当たり前の話ですが、2016年には16歳、運転免許取り立てだったアメリカのティーンエージャーが、2022年には22歳になっているのです。そして、サステナビリティがライフスタイルになっているＺ世代が徐々に自動車市場に入るとき、このトレンドは一層加速すると思われます。つまり、企業、経済、産業、社会の変化により、消費者の想定する自動車購入についての仮定が相互依存的に変化しているのです。

最後に食品ですが、６年ぶりにアメリカを訪れて、ウェストウッドのコーヒー店でアメリカのコーヒーを久しぶりに味わうことにしましょう。さてカプチーノを注文すると、聞き慣れない質問を耳にして、思わず、えっと聞き返してしまうのではないでしょうか。

「カプチーノに使うミルクの種類はオーツミルク（Oat Milk）ですか？」

環境問題に関心があり、実際にヴィーガンではなくとも、ライフスタイルとしてヴィーガン嗜好の若い世代の人たちの間で人気があるのが、オーツ麦でつくられたミルクです。

コーヒーの後はショッピングモールに行き、久しぶりにメキシコ料理のファストフード店に入ることにしましょう。チェーン店のチポトレ（Chipotle）はコロナ以前から店舗展開をしています。

写真15　メキシコ料理のチェーン店チポトレ

お店に行ってメニューを見ると、「うーむ、なんだ、これは？」。ここはヴィーガンの店でもないのに、プラントベースドミート（植物肉、代替肉）を使ったチョリソー（メキシコ風のソーセージ[5]）が大きくメニューに載っているではありませんか。

変化の予兆を無視・過小評価することは致命的

チポトレの写真をお見せしたのは、「アメリカでは、もうこれまでヴィーガンとは縁が遠かったメキシコ風料理のチェーンでも今や植物肉を使っていますよ、だから日本でもすぐに始めたほうがよいですよ」と言いたかったからではまったくありません。

ましてや、日本でもすでに代替食品が浸透し、さらにいろいろな食材へと進化しているので、アメリカの代替肉のトレンドも別に目新しいわけではありません。この代替肉のアイデアを取り入れても悪くはないのでしょうが、ここでは、この変化とトレンドの先をあなたに考えていただきたいのです。

この変化とトレンドの深層にある変化の原動力は何でしょうか。また、その深層にある原動力がつくる未来のシナリオと新しい仮定はどのようになるのでしょうか。

言い換えると、「**ここからどこに行くの？**」の問いかけです。

このようなヴィーガンやベジタリアン向けの食品、料理そして植物肉、代替肉の浸透、普及は単に嗜好の変化ではなく、畜産業から排出される温暖化ガスの削減を推進する目的からも起きています。環境問題、地球温暖化への関心の高まりとそのトレンドが大きな要因でもあるのです。

5　チョリソーはスパイシーな豚肉ソーセージです。そのままソーセージとして食べられますが、写真15のように中身をほぐして、そぼろのようにしてサラダの上にかけたり、卵と一緒にスクランブルすることもあります。

もちろん、そうしたトレンドが、大きな動きを起こしていることは確かだと思います。

ただ、見逃してはいけない点は、こうした最近の社会の変化は、前述の国連の SDGs、あるいは**DEI（diversity, equity, inclusion; 多様性、公平性、包摂性）**の認識の深化とそれに基づく行動も、その根底にあると言っても過言ではないと思います。

つまり数年前だったら見落としてしまった、あるいはその兆しを知って知らぬふりをしていた人口構成、あるいは消費者の多様性を包摂していこうというトレンドです。

このような若い層のファッション、食品、環境保全への意識と行動、電気自動車の普及は、いろいろな領域が相互依存している例と言えます。このようなトレンドは、特にアメリカで新型コロナ以前の2017年ぐらいから徐々に散見されていたけれども、コロナ感染が拡大した2020年以降、大きなトレンドとして観察できるようになりました。

まとめると、変化を示すトレンドを見つけるためには、視野を広げ、技術革新はもちろんのこと、それに加えて経済の変化、そして社会、文化の変化にも焦点を当てる必要があるということです。

人口動態、人口構成の変化はもちろん重要ですが、それ以外にも、社会通念、価値観、生活様式、行動様式、そして嗜好、文化の変化にもきめ細かな観察をして、表面的に観察できるトレンドだけではなくて、その背後にあるトレンドも見出すことが大切です。

最近はAI、自動運転、センサー、ドローン、ロボット、宇宙開発、VR/AR、メタバース等々の技術革新に関する情報が頻繁にそして大量に伝わってきていますので、技術変化だけが将来に向けてのトレンドを示していると考えがちですが、ここでは特に、その他の領域での変化も忘れないことが肝心と強調しておきましょう。

いろいろな領域で観察される種々の変化は、日本に特有の変化であるかもしれないし、全世界的な規模で起こっているグローバルな変化かもしれません。たとえば、スマートフォンとSNSの普及によって引き起こされた変化、すなわち人間の行動様式の変化は、ある国に特有のものではなく、世界的な変化と言えるでしょう。

そして、最も重要なのは、社会・経済・環境・技術の変化は絶え間なく起こり、それらの変化・トレンドを見過ごすことは機会（opportunity）を見逃すことに通じる、ということです。

ここで使っている「機会」という言葉は、社会・経済・環境・技術といった環境の変化がもたらすいろいろな新しい状況を指します。たとえば、多様性と包摂性の進展、温暖化ガスの削減の推進といった外的環境の変化は、植物肉あるいは代替肉を生産する企業にとっては、またとない事業拡大の可能性をもたらしています。このような状況は、代替食品の企業にとっては機会と言えます。

小さな変化を見落としてしまうことは仕方のないことかもしれませんが、致命的になりうるのは大きな変化の兆しを知って知らぬふりをすること、あるいはすでに観察されている大きな地殻変動の兆しを過小評価することに他なりません。

大きな変化が世界で起こっているのに、日本は関係ないと平静を装っているうちに、**それまでの常態とシナリオがあっという間に根底から覆されてしまうような結果が起こるのを避けるための先見性が必要**なのです。

まさに重要なのは「**今どこにいるの？**」「**今何が起こっているの？**」「**ここからどこに行くの？**」なのです。

Point!

この章のポイント

未来をつくるために必要なはじめの一歩は、自分が今どこにいるのかを知ることです。自分がどこに位置しているのかを知らずしては、何が前進なのか後退なのかもわからないかもしれません。自分の立ち位置を知ってこそ、何が未来なのかを知ることができるのです。

Challenge!

ためしてみよう

変化を示すトレンドを見つけてみましょう。視野を広げて、技術革新はもちろんのこと、それに加えて経済の変化、そして社会、文化の変化にも焦点を当ててください。

日本の人口動態の変化についてはよくご存知だと思いますので、ここでは、人口構成の変化、社会通念、価値観、生活様式、行動様式、あるいは嗜好、文化の変化の観察をしてください。

第8章

ここからどこに行くの？

自分が「専念したいテーマ」の従来の仮定、新しい仮定を考えることで、未来が見えてくる。

ここまでの解説をもとにして、作業をしてみましょう。

図表8-1の最上段の行にはSTEEP（Society, Technology, Economy, Environment, Politics）の５つの領域、社会、技術、経済、環境、政治の変化が示されています。

図表8-1　変化とトレンドを観察し、洞察する

	社会（Society）の変化	技術（Technology）の変化	経済（Economy）の変化	環境（Environment）の変化	政治（Politics）の変化
①どのような変化・トレンドが観察できるのか（今どこにいるの？）					
②その変化・トレンドを引き起こした変化の原動力は何か（今何が起こっているの？）					
③変化・トレンドに相互依存関係はあるのか（今何が起こっているの？）					
④従来の仮定は何か（今どこにいるの？）					
⑤新しい仮定は何か（ここからどこに行くの？）					

そしてその下の行には、5つの質問が書いてあります。

①どのような変化・トレンドが観察できるのか
（今どこにいるの？）
②その変化・トレンドを引き起こした変化の原動力は何か
（今何が起こっているの？）
③変化・トレンドに相互依存関係はあるのか
（今何が起こっているの？）
④従来の仮定は何か
（今どこにいるの？）
⑤新しい仮定は何か
（ここからどこに行くの？）

このうち、問いの①〜③はSTEEPの5領域それぞれに関わるものですが、最後の2つの問い④と⑤は、ここでは、この5領域全体にまたがる包括的な仮定を考えてください。

さて、みなさんは、第1章で行なったマインドマッピングの作業で自分を知ることができました。そのときに、目に留まって、ハッとして書き留めた3つの「事」、「物」、あるいは活動を覚えていますか。その中から、あなたが専念して、たくさんのエネルギーを感じるテーマを1つ選んで、図表8-1を埋めてみましょう。それが、この章での課題です。

アメリカの伝統的なレストランがもつ「従来の仮定」

筆者が「最も専念できること」のマインドマップに書き留めたことの一つは、アメリカの伝統的なレストランに行って、卵料理、ソーセージ、ハッシュドポテト、トースト、それになみなみと注いでくれるアメリカンコーヒーのブレックファストを食べることでした。

ちなみに「フローになる活動」の一つは、曲がりくねった山道を運転することでした。さて、ここでは、筆者が専念できることの中から伝統的なアメリカのカジュアルなレストランをその課題に選びました。

写真16　伝統的なアメリカのレストラン（左）と多様性と包摂性を目的とするレストラン

先の５つの質問のうち、①〜③についてはすらすらと記入することができるのではないでしょうか。少し、書き始めてみましょう。

図表8-2　変化とトレンドを観察し、洞察する（記入例）

	社会 （Society） の変化	技術 （Technology） の変化	経済 （Economy） の変化	環境 （Environment） の変化	政治 （Politics） の変化
①どのような変化・トレンドが観察できるのか（今どこにいるの？）	ヴィーガン、ベジタリアンメニュー 生産者農家直送の野菜 サステナブルなライフスタイル 社会のつながり、人々のつながりの重要性と必要性	代替肉 代替魚	食糧不足 労働市場需給逼迫 インフレ サプライチェーンの混乱	サステナブルな食材、容器、食器の使用	インフレ 社会の分断
②その変化・トレンドを引き起こした変化の原動力は何か（今何が起こっているの？）	多様性、公平性、包摂性（DEI） コミュニティの重要性 環境問題の深刻化 社会の分断	ヴィーガン、ベジタリアンメニュー サステナブルなライフスタイル	新型コロナ ウクライナ侵攻	環境問題の深刻化	多様性、公平性、包摂性（DEI） 新型コロナ ウクライナ侵攻
③変化・トレンドに相互依存関係はあるのか（今何が起こっているの？）	他の全ての領域と相互依存 （具体的にはどのようにつながっているの？）	他の全ての領域と相互依存 （具体的にはどのようにつながっているの？）	他の全ての領域と相互依存 （具体的にはどのようにつながっているの？）	他の全ての領域と相互依存 （具体的にはどのようにつながっているの？）	他の全ての領域と相互依存 （具体的にはどのようにつながっているの？）
④従来の仮定は何か（今どこにいるの？）					
⑤新しい仮定は何か（ここからどこに行くの？）					

図表8-2の表は、決して包括的ではありませんし、完璧からはほど遠いものです。さて、①〜③の問いとその討議から導かれる洞察は何でしょうか。

そして、アメリカの伝統的なレストランが使っていた④の「従来の仮定」とは何でしょう？　従来の仮定の答えとしてすぐに思い浮かぶのは、“**お客さんはアメリカ料理のハンバーガー、いろいろな**

種類の伝統的なサンドイッチ（たとえば、フィリーステーキサンドイッチ、グリルドチーズサンドイッチ、グリルドツナサンドイッチ）とかステーキ、フライドポテト、そして筆者のように朝ごはんを食べるためにアメリカ料理店に行く”という至極もっともな仮定ではないでしょうか。あるいは“気軽に食事をみんなでワイワイ騒いで楽しむ”、がその仮定かもしれません。

このような従来の仮定は決して間違いではありませんし、これをそのまま将来、継続するレストランも多いことでしょう。

新しいメニューを載せればOKか？

その一方で、これからくる時代、未来に照準を合わせたときには、どのような新しい変化が見えてくるのでしょうか。

言い換えると、⑤の「新しい仮定」が、この作業の鍵であり、新しい機会（チャンス）を見出すために重要なポイントです。さてあなたの考える、未来に向けての新しい仮定は何でしょうか。

この作業では唐突に未来の仮定を考え出すのではなく、図表8-2の行①と②に記入した変化・トレンド、そしてそれら変化の原動力からディスカッションを進め、そこから未来の仮定を考えてください。

たとえば、代替肉、植物肉、あるいは代替魚がさらに一般化すると仮定すると、伝統的なアメリカのレストランのお客さんはどのような人たちに変わるのでしょうか。

これまで伝統的なアメリカ料理店を好むお客さんは、一般的に赤身の牛肉を好む人、伝統的なアメリカの肉料理が好きな人でした。代替肉、植物肉を好む人やヴィーガンの人たちは食べるものがないので、カロリーが高くて、脂っこい、伝統的なアメリカ料理店を敬遠していたかもしれません。

家族の中にヴィーガンの人が１人でもいる場合には、いくらお母さんがお肉を好きでも、家族全員でアメリカ料理店に行くのは避けて、別のタイプのお店に行かざるを得なかったかもしれません。

あるいは、ボーイフレンドがヴィーガンだけど、私はどうしても今日はフィリーステーキサンドイッチが食べたいというときもあるかもしれません。そのような状況で、アメリカ料理の店にヴィーガンの料理があれば、この家族とカップルはその店に行くことをオプションに入れるかもしれません。

多様な人々がつながれるレストランへ

けれども、ここでのポイントは、ただ単に代替肉の料理をメニューに載せることを新しい機会とするのではなく、一歩進んで、“多様な嗜好と食事の制約をもつ人たちがみんなで一緒に行ける”と新しい仮定を設定することかもしれません。

あるいは、サステナビリティをライフスタイルとするミレニアル世代やZ世代が、いろいろな背景をもつ人たち、多様なエスニックグループの友だちと一緒に行くのにうってつけの店となるかもしれません。

その仮定のもとで新しいアイデアを出していくと、伝統的なアメリカ料理店にただ代替肉のメニューを１つか、２つ加えて、あとは昔の仮定のままでは済まないでしょう。つまり、代替肉が市場で受け入れられている根本的な原動力を見出して、その観点から新しい仮定をつくるとすると、その原動力に対応する新しいアイデアが必要となるのです。ここでの根本的な変化の原動力は何でしょう？あなたはどう考えますか。

すでに述べましたが、社会の多様性（diversity）と包摂性（inclusion）の高まり、そして社会のつながりと人々のつながりの重要性と欲求への高まり、を原動力の一つと考えてもよいかと思います。

そうしますと、**代替肉をメニューに加えること自体よりも、“社**

会の多様性、包摂性、そして人々のつながりを根底におく”という新しい仮定が浮き上がります。

もう一歩進むと、“多様な背景をもつ人たちが楽しく集まれる場所を提供する”ことが新しい仮定になるのではないでしょうか。繰り返しますが、これは決して正解ではありません。たくさんつくることができるアイデアのうちの一つにすぎません。

Point!

この章のポイント

すでに起きているトレンドを遅ればせながら取り込むのではなく、そのトレンドの根本的な要因を理解して、その「トレンドの先にある未来」を先取りしてください。

Challenge!

ためしてみよう

自分が専念できる、「事」、「物」、活動について、図表8-3を書いてみましょう。

図表8-3　変化とトレンドを観察し、洞察する（図表8-1再掲）

	社会（Society）の変化	技術（Technology）の変化	経済（Economy）の変化	環境（Environment）の変化	政治（Politics）の変化
①どのような変化・トレンドが観察できるのか（今どこにいるの?）					
②その変化・トレンドを引き起こした変化の原動力は何か（今何が起こっているの？）					
③変化・トレンドに相互依存関係はあるのか（今何が起こっているの？）					
④従来の仮定は何か（今どこにいるの?）					
⑤新しい仮定は何か（ここからどこに行くの？）					

第9章

未来を変えよう

未来は予測するものではなく、つくるもの。
シナリオとアイデアを用意して社会を変えていく。

さて、これまでの作業で、テーマや課題に重要な影響を与えるトレンドと変化を引き起こす原動力を考察しました。次の作業は、前章で導かれた**洞察から「未来のシナリオ」をつくる**ことです。

プロセスが大切

トレンド観察→変化の原動力の理解→洞察→未来のシナリオという流れに沿っての作業は、新しい機会をとらえるためにはとても重要なプロセスです。

たとえば、先に紹介したパサデナのアートセンターでは「新事業機会創出のためのイノベーションステューディオコース」を開講していますが、そのコースでデザイン思考と同等かそれ以上の比重が与えられているのが、この「トレンド観察→変化の原動力の理解→含意と洞察→未来のシナリオ→新しい事業アイデア」のプロセスです。

少し古い例ですが、９年ほど前に「スマートホーム」をテーマにしたプロジェクトを行ないました。

テーマはスマートホームです。スマートホームとはAIやセンサーを活用して、便利で快適な生活ができる住宅のことですが、何も新しいハイテク仕立ての家のデザインに限る必要はまったくないし、AIやセンサー等の技術を使うことを考える必要はまったくありません。

2014年の時点から見た7年後の2021年の未来のシナリオを考えて、新しい事業機会のアイデアを創出する、そしてどんなアイデアでもよいというプロジェクトです。

未来の輪――マインドマップとの違い

この目的のために使う手法は、**「未来の輪（Futures Wheel）」**あるいは**「含意の輪（Implications Wheel）」**と呼ばれています。ここでの**含意とは、一つの事象が、論理的な結果として、別の事象を意味する**ことです。

この未来の輪の作業の例は図表9-1に示されています。

図表9-1　未来の輪

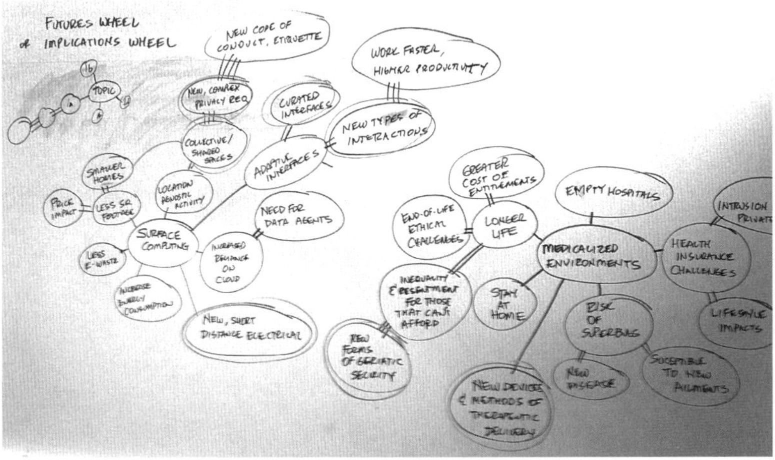

©Lloyd Walker

この図を見ると何となく第１章でつくったマインドマップに似ていますね。形は似ていますが、その作業は違いますので注意してください。

- マインドマッピング：頭にぱっと浮かんだことをすぐに書き留める
- 未来の輪を描く作業：ある事象の論理的帰結を書き留める

つまり、マインドマップは「心の地図」であるのに対して、未来の輪は「論理的帰結の輪」です。大きな違いは、マインドマップは論理的帰結ではなくて、頭に次々に浮かぶこと、つまりあなたが心の奥で「直感的」に思っていることを表しています。その一方、未来の輪はある事象の論理的帰結を連鎖的に表しています。

繰り返しますが、この２つの地図を知識として覚えるのではなく、道具として使い、役立たせてください。

図表9-1の写真は前述のスマートホームのプロジェクトの初期段階においてクラス全体で行なった、「トレンド観察」と「洞察」のディスカッションを未来の輪の形で記録したホワイトボードです。ここに示されている未来の輪は、スマートホームに関連したトレンドとその原動力の予備的考察と、リサーチから選ばれた事象をその出発点としています。

たとえば、図表9-1の右側の輪は「医療化された環境（medicalized environments）[1]」を出発点とし、「医療化された環境」の帰結として長寿、医療保険の問題、病院のキャパシティの問題、自宅在住の増加、新しい治療法と薬物送達機器の発展、抗生物質が効かない強力なバクテリア・ウイルス発生（superbug）発生の危機がボードに

1　医療化（medicalization）とは、従来は医療の問題とされなかった領域が、新たな病気として社会に認められ、医療の対象となっていく状況を意味します。

書き出されています。
そして、これらの一次的帰結の中から、長寿、医療保険、強力なバクテリア・ウイルス発生の危機が導く、さらなる帰結が書き出されています。長寿の帰結はいくつかあり、その一つは医療費を払える人と払えない人の間に格差が生まれる、です。そして、それのさらなる含意は高齢者の安全が大切な課題となる、です。また、強力なバクテリア・ウイルスといった、いわゆるスーパーバグ発生の危機がもたらす次の帰結は、新しい疾病の発生でした。
さて、これらの帰結を擦り合わせて浮き上がってくる課題はどのようになるでしょうか。

繰り返しますが、図表9-1で紹介した未来の輪はスマートホームという大きなテーマのもとで制作されました。参加した学生のブレインストーミングから生まれた未来の輪を整理して浮かび上がった課題の一つは、「感染力の高いバクテリア・ウイルスのようなスーパーバグが発生した場合に、感染と疾病から高齢者を守る必要がある」でした。
すでに、読者の方々はお気づきになったと思いますが、この課題は、スマートホームのプロジェクトだから“家”という物、箱だけに注目し、それに固執していたならば、浮き出てこなかったかもしれません。つまり、既存の枠組みの外に目を向けることが重要なのです。
また、これは2022年に導いた課題ではなくて、新型コロナウイルスのパンデミックが起こる以前の、**2014年に2021年の未来を考えて導いたもの**です。

シナリオとアイデアをたくさんつくる

各チームはこのような作業を各々のテーマにしたがってさらに深

め、プロジェクトの総括的なコンセプトを練り上げました。そして、それを基にして、いくつかの未来のシナリオをつくり上げました。その具体例が、図表9-2です。

図表9-2　トレンド＆変化→含意と洞察からの未来のシナリオ→新しい事業アイデア

©Michelle Cheng

図表9-2の右側の写真に、たくさんのパネルが写っています。その写真の左側に写る、９つでひとかたまりになったパネルを作成したのはルネとミシェルの２人のチームです。

上段の３つのパネルに16のトレンドが記入されていて、このトレンドから生まれたシナリオが中段の３つのパネルに記入されています。１枚のパネルに３つずつ、合計９つのシナリオがあります。

さらに、それらのシナリオから３つの新しい事業アイデアが生まれ、下段の３枚にまとめられています。

そのうちの１つの事業コンセプトが、図表9-2の左の写真に写っています（上段のパネルに５つのトレンド、中段には３つのシナリオ、下段に事業アイデア）。これを日本語にして、まとめたものが、図表9-3です。

図表9-3　未来のシナリオとアイデア：図表9-2の左側の写真の要訳

トレンド & 変化（観察と洞察）

カスタマイズされたサービスと体験がより重要になる
高齢者のケアの必要性が高まる
新しい技術の発展で高齢者が自宅に住むことが可能になる
いろいろな産業・企業の知識・技術・能力が従来の産業の枠組みを超えて開発される
顧客・消費者との接点が普遍的ではなく、より個性的でユニークなものになる

コンセプト（プロジェクトの総括的なコンセプト）
“Care, My Way: Forget ‘one size fits all’ models”

↓

含意と洞察からの未来のシナリオ（洞察：未来“2021年”のシナリオ）

病院・医師中心ではなくて患者中心、患者の立ち位置・視点からのケアがより重要になる
ホスピタリティの概念が従来の概念から変わり、よりパーソナライズしたサービスを目指すようになる
より多くの高齢者が自宅に住むことにより、自宅での短期のヘルスケアのシステムがより重要になる

↓

新しい事業アイデア（創造：2014年から2021年に向けてのいくつかの新しいアイデア）

“Personalized Hotel: Short-term Health Hotel at Home”
自宅で短期間のヘルスケアを受けられるようにパーソナライズされたホテルのような自宅

ルネとミシェルの２人はパネル作成時点では工業デザイン専攻の大学院生でした。ただし、学部での専攻はルネがカリフォルニア大学バークレー校の政治学、ミシェルはUCLAの建築と、いずれも工業デザインの専攻ではありません。

このように違うバックグラウンドをもつ２人が人生のプロトタイピングの過程で、スマートホームをテーマとしたプロジェクトに参加したわけですが、２人は「高齢の親の介護をどのようにするのか」という課題を設定しました。アメリカの若い層の人たちにとっても、大きな話題となってきている問題です。

まず最上段のパネルでは、このプロジェクトで設定した７年後の

2021年までに起こることが予想されるトレンド、トレンドの変化の原動力、そして未来の輪の作業から浮き上がった帰結を要約してあります。

この作業から導かれた洞察は、パーソナライズ、カスタマイズされたサービスと体験がより重要になっている、高齢者のケアの必要性が高まっている、新しい技術の発展は高齢者が自宅に長く住むことを可能にしている、いろいろな産業・企業の知識・技術・能力が従来の産業の枠組みを超えて拡大、発展してきている、顧客・消費者とサービスの提供者との接点（インターフェース）が誰にでも当てはまる普遍的なものではなく、個性的でユニークなものになってきている、でした。

そして、この洞察から、ミシェルとルネはプロジェクトの総括的なコンセプトを“Care, My way: Forget ‘one size fits all’ models”（自分のやり方でケアする：ワンサイズですべてのモデルに対応するのをやめよう）と決めました（図表9-3上段）。

さらに、2人はこのコンセプトのもとで、未来の場面と人の動き、つまりシナリオをつくりました。

まず、病院・医師中心ではなくて患者中心、言い換えると、患者の立ち位置・視点からのケアに重きをおく。第二に、ホスピタリティの概念が従来の概念から変わり、よりパーソナライズされて、誰にでも当てはまる普遍的なサービスではなくて、個々人のニーズと欲求に合わせたユニークなサービスになる。そして第三には、より多くの高齢者が自宅に住んでいるので、自宅での短期のヘルスケアのシステムがより重要になる、となりました（図表9-3中段）。

ルネとミシェルが行なった次の作業は、この3つのシナリオを基に、新しい事業機会をつくることでした。ブレインストーミングをするには、少し少ない人数でしたが、2人は「患者の体験をよりよくするためのパーソナライズされたケアのやり方は、何通りあるのか」という課題（フレーミングクエスチョン）を皮切りにして、できるだけたくさんのアイデアを出し合いました。アイデアが出尽くした後、そのアイデアを共通項で分類し、アイデアのクラスターをつくりました。そして、出来上がったクラスターから何通りかのコンセプトをつくりました。

このチームがプレゼンテーションのために選んだ新しい事業コンセプトのタイトルは“Personalized Hotel: Short-term Health Hotel at Home”、つまり、「自宅で短期間のヘルスケアを受けられるようにパーソナライズされたホテルのような自宅」となるでしょうか(図表9–3下段)。

このチームは“Care, My way: Forget ‘one size fits all’ models”（自分のやり方でケアする：ワンサイズですべてのモデルに対応するのをやめよう）というプロジェクトの総括的なコンセプトから、事業コンセプトに行き着いたのですが、他にも“Grace in Place: Comfortably aging in a world of change”（優雅に生きる：変化する世界で快適に年を重ねる）を総括的なコンセプトとして、別のシナリオをつくり、事業コンセプトを練り上げました（図表9–2の右側の写真、左から2列目、縦に並んだ3枚のパネル)。

このように、ルネとミシェルはトレンド洞察からシナリオを練り、そのプロセスを通じて事業アイデアを生み出しました。この事業アイデアの良し悪しは別として、この手法の段取り、流れとその要点はおわかりいただけたかと思います。

このプロジェクトの例では7年後の未来を設定しましたが、これは恣意的で、もちろん3年後でも、5年後でもかまいません。

ここでの問いかけは「**これから3年後（5年後、7年後）の場面と人の動きをつくろう**」です。ここでの重要なポイントは、これから3年後（5年後、7年後）の未来を予測することではありません。**予測するのではなくて、未来をデザインしてつくるのです**。あなたが何かをつくれば、未来が変わるのです。

ですから、もう一つ大切なフレーズは、「**何かをつくって、未来を変えよう**」なのです。

同じフォーマットでプレゼンテーションする意味

さて、このような作業例では、一体どれくらいの時間を費やすのでしょうか。

図表9-2に写っているどのチームも、トレンド観察、未来の輪の作成、そして洞察のためのクラス全体でのディスカッションに6時間ほど使い、その後チームごとのリサーチで、トレンド観察を行ない、洞察し、未来のシナリオをつくるプロセスに5～6時間ほど使いました。それからさらに数時間かけて新しいアイデア、さらにコンセプトをつくりました。もちろん、これは平均的な作業時間で、未来のシナリオとアイデア創出に、さらに数日費やしたチームもありました。

図表9-2に写っている9列のパネルは、各列上中下3枚のパネル構成となり、その左端のパネルを図表9-3で要約してあることはすでに説明しました。

そうしますと、図表9-2の9列は、2021年のスマートホームをつくるという課題に対する9つのコンセプトを展示していることがおわかりいただけるかと思います。「トレンド観察→変化の原動力の理解→含意と洞察→未来のシナリオ→新しい事業アイデア」の枠組みを使い、同じフォーマット（3枚のパネル）で展示しています。

この写真に写っていない壁2面にも他の10のアイデアが展示されています。各チームのコンセプトを同じフォーマットで展示した後は、各チームが簡潔なプレゼンテーションを行ないます。

すべてのコンセプトのプレゼンテーションが終了した後、このセッションに参加した全員で全部の展示パネルを審査し、展示パネルの前で質疑応答を行ないます。その後、参加者による投票を行ない、参加者の反応と関心の高さを確認します。
ここまでのプロセスを要約すると、以下のようになります。

①「トレンド観察」と「変化の原動力の理解」をするためのリサーチ
②「未来の輪」の作成と洞察
③テーマと課題の探索
④未来のシナリオの創出
⑤新しいアイデアとコンセプトの創出
⑥パネルのフォーマットと枚数規定にしたがって展示用パネルの作成
⑦プレゼンテーション（最大３～４分 / コンセプト）
⑧参加者による質疑応答と審査
⑨参加者による参加プロジェクトへの投票
⑩もらったフィードバックの内省
⑪さらに新しいアイデアの創出

このプロセスのポイントはもちろん、①～⑤のアイデアとコンセプトの創出にあるのですが、同じフォーマットを使うことをすべてのチームに義務づけていることがミソとなります。図表9-2からわかるように、このフォーマットですと、観察、リサーチ、含意、洞察、創造のプロセスをチームごとに比較できるのです。

もう一つのポイントは、⑥～⑩のプロセスです。そこでは、プレゼンテーションの後に参加者が投票を行なうので、自分のチームのアイデアが他チームのアイデアと比べて共感を引き起こしているのか、まったく興味を惹きつけていないのか、あるいはランキングではどれくらいなのか、ということが素早く見えるのです。

それをチームに持ち帰り、さらに新しいアイデアをつくるための糧にするのがこのプロセスの目的です。

日本の高校生、大学生の未来のシナリオ

さて、本章でこれまで述べてきたのは「トレンド観察→変化の原動力の理解→含意と洞察→未来のシナリオ→新しい事業アイデア」のプロセスでした。せっかくですので、これをあなた自身の未来をつくることに応用してみましょう。

まず、このプロセスを少し変えて、「自分を知る→自分の課題→トレンド観察→含意と洞察→未来のシナリオ→ SOAR」としてみます。

言い換えると、**自分がたくさんのエネルギーを感じ、愛着心と情熱をもって専念できる課題を見つけ、それに関連する事象のトレンドを観察し、その含意を考え、未来のシナリオをつくり、そのシナリオの中で活躍できるように自分を舞い上がらせていく、となります。**

さて、このプロセスの後半部、トレンド観察→含意と洞察→未来のシナリオ→ SOAR の流れについてもう少しくわしく考えてみましょう。ここでは作業をスピードアップするために、最初のトレンドと洞察の部分を筆者が簡潔に考えてみました。

みなさんの未来に影響を及ぼすトレンドとその変化の原動力については、いくつか考えられますが、そのうちで、最もよく知られているのは日本の総人口の減少、日本の生産年齢人口（15歳～64歳）の減少、そして日本の労働生産性の低下でしょう。

他の経済先進国と比較して、日本の競争力が低下しているのもこの30年間のトレンドです。スイスのビジネススクール IMD のグローバル競争力インデックス（Global Competitiveness Index）の2022年版では、日本は63カ国中34位となりました[2]。

IMD は1989年以来グローバル競争力インデックスを編纂してい

2　https://www.imd.org/centers/world-competitiveness-center/rankings/world-competitiveness/ を参照。

ますが、日本が1989〜1992年の4年間連続首位を保持していたのは、今や遠い昔の伝説です。

さらに、同じスイスのIMDによる世界64カ国による高度技能者の2021年ランキングにおいて、管理職の国際経験で日本は64カ国中最下位、そして企業のニーズに適した語学力では、なんとか最下位は免れたものの、64カ国中62位となりました[3]。

これからの未来に生きていくみなさんに、このような暗いトレンドの話をするのはとても気がひけるのですが、このようなトレンドを跳ね返して、**危機を機会に変える前向きな姿勢で従来の枠組みを崩して（リフレームして）みましょう**。

どうやら、日本はこの30年間、機能不全の信念と思い込みにとらわれていたことが多かったのではないでしょうか。まず、未来のシナリオをいくつかつくると、

【シナリオ】

- 高度技能者、高学歴労働者の必要性が増す
- 日本の多様性が進展する
- 女性の管理職の比率が徐々にだけれども増加する

となります。

これは、はじめに考えつくシナリオで、すでに起こっている未来です。このシナリオを本章で紹介した未来の輪の作業の出発点に使ってみましょう。

たとえば、高度技能者（talent）、高学歴労働者（修士・博士）がますます必要になるというシナリオの帰結は、日本人の高学歴労働者の採用が高まる、そして、外国人高学歴労働者の採用も増える、となるでしょう。そこから続くさらなる帰結は、外国人高学歴労働

3　同上 IMD World Talent Ranking 2021, IMD を参照。

者が日本で働きたくなるような環境が整う方向に向かう。その帰結は、雇用条件の国際化が進むとなるでしょう。

これは、本章の「未来の輪」を簡単に応用した例です。みなさんが考える他のシナリオについても、このような未来の輪をつくってみることを勧めます。

さて、この未来のシナリオを読んだみなさんの率直な反応は、どのようなものでしたか。「えー、困ったな」「仕方ないね」「日本もおしまいだね」でしょうか。それとも「これはよい」「またとないチャンスだ」でしょうか。「日本もおしまいだね」と思った人は機能不全の思い込みの状態になっています。

それを変えるのが、この本の目的でもあります。さて、この新しいシナリオの挑戦を受けて、その場面の中であなたが活躍するとすれば、どのように自分をSOARするのがよいのでしょうか。試しに、従来の枠組みを崩してリフレームしてみるとどうなるでしょうか。

- 自分が外国人のような高度技能者になってしまう
- 自分が外国人のような高学歴労働者になってしまう
- 多様化をさらに進めていくために、自分のブランドをつくる
- 自分が女性だからと意識せずに、管理職を目指す

というリフレームはどうですか。

この章では、トレンドから未来のシナリオをつくり、それを基に新しいアイデアをつくることについて述べました。新しいアイデアは、何も新製品や新しいアプリだけではありません。

あなた自身をSOARするための新しいアイデアは、とても大切であると、ここでもう一回書いておきます。自分をSOARするこ

とは、未来を変えるイノベーションそのものなのです。

Point!

この章のポイント

シナリオとアイデアをつくるためにはプロセスが重要です。プロセスのポイントはアイデアの創出にあるけれど、同じプロセスでたくさんのシナリオとアイデアをつくるのも大切です。

キャッチフレーズは「今からX年後の場面をつくろう」と「何かをつくって、未来を変えよう」です。新しいアイデアを共有し、フィードバックとアドバイスを受け、それを取り入れて、ループを閉じることも忘れないでください。

Challenge!

ためしてみよう

この章の解説と図表9-1、9-2、9-3の例を基にしての作業のポイントは、

①数年後に考えられるシナリオをいくつかつくるときの大切なフレーズは、「これからX年後の一場面とそこにいる人の動きをつくろう」です。

②シナリオがうまく描けるかどうかは、「トレンド観察」と「変化の原動力」を理解するためのリサーチ、そこから導かれる「含意と洞察」に大きく依存しますので、このシナリオの作業の前にしっかりと行なってください。同様に、あるいは図表9-1で紹介した「未来の輪」の作業も大切です。

③シナリオがいくつか仕上がったら、そのシナリオから新しいアイデアを創出します。ここでのポイントは唐突に新しい案

を出していくのではなく、これまでのトレンド観察からシナリオ創出へと続いたプロセスにこだわり、そこで得られた洞察によってアイデアを創造するのがよいでしょう。

④この作業の鍵は、表面的なトレンドの観察ではなく、その根底をなす原動力まで深く掘り下げていくことです。その根本的要因が、どのような未来の場面をつくり、その場面で人はどのように行動するのかという人間中心の視点を忘れないことが大切です。

では、あなたの人生のシナリオとアイデアを図表9-4に書き出してみましょう。

図表9-4　トレンド＆変化→含意と洞察からの未来のシナリオ→新しいアイデア

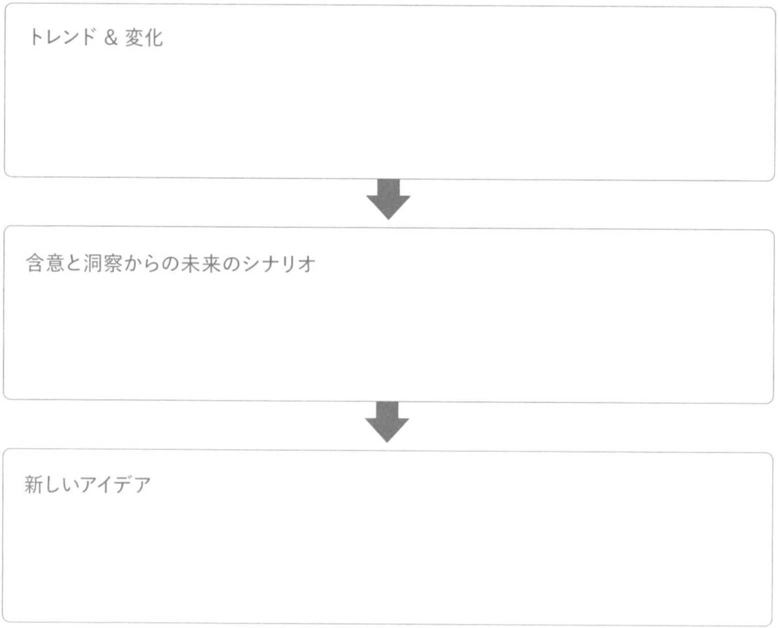

第10章

テーマと課題
―― 素朴な問いをバカにしない

カスタマージャーニーを使って、感情の高まりと低下に注目し、
「なぜか」と考えてみる。

前章までは、自分がエネルギーをたくさん感じ、情熱をもって専念でき、力を注ぐ活動からテーマと課題を探索していくことを強調してきました。これと並んで大切な視点は、自分の体験と経験からテーマと課題を見つけることです。

第５章で日本の高校生のロサンゼルスでの体験の話をしましたが、そこで**大切な点は、せっかくの体験を「へえー」「わー」「あっ」と反応するだけで終わらせずに、それを「なんで」「どうして」の問いにつなげること**と書いたのを覚えていますか。

その反応の例は「何でアメリカのトイレは日本ほど清潔じゃないのだろう？」「何でアメリカのトイレのドアは床まで届いていなくて、足が丸見えなのだろう？」等々でした。つまり、**このような他愛もない疑問をもち、その答えを探してみるのが大切なのです。このような素朴な問いをバカにしないで、その答えを見つけるのです。それがテーマと課題になるのです。**

新型コロナの感染が広まり始めた2020年春に制作されたプロジェクトでは、「コロナ後の世界における新しい旅行体験をつくる」をテーマとしました。

そこで、参加したレジーナ、ヒュー、マサキの３人のチームは旅行客の痛みと苦悩を解決し、彼らの旅行体験をよりよくするための

アイデアをデザインすることを課題に選びました。

３人のチームがこの課題を選んだ理由は、ミレニアル世代のメンバーのレジーナは旅行が大好きなのだけれども、飛行機での旅行は絶えず苦痛、不安、緊張の連続で、その体験はいつも楽しくない、というのが彼女の抱える問題だったからです。

写真17　空港で行列が当たり前？　©Masaki Takeuchi

新型コロナ以前に、観察できたトレンドは、観光旅行のグローバル化、飛行機を使う海外旅行客の増加、飛行場の混雑と混沌、それにともなう旅行客のストレス、不満、苦痛等でした。

特に、いろいろな旅行客の体験のインタビューから３人が気づいた点は“People hate current systems.（みんな今のシステムが大嫌い）”だったのです。そこから生まれた問いは、「何でみんな、あの体験が嫌いなのだろう」でした。

感情の動きがわかるカスタマージャーニー

そこで、このチームは飛行機に乗る旅客の行動と感情の洞察を導き、そこから未来のシナリオをつくるために、デザイン思考の手法の一つであるカスタマージャーニーを応用することにしました[1]。

カスタマージャーニーの目的はカスタマー（ユーザー、顧客、訪問客、ビジター、観客、患者、クライアント、学生等々）の現実の体験を記録し、その体験における感情的な高揚（highs）と低下（lows）を識別することにあります。

カスタマーの体験は主にインタビューを通じて、彼／彼女の話を聞き、彼／彼女の視線から体験を再現します。そして、カスタマーの体験は、ある一時点での体験に焦点を絞らずに、その商品・サービスを購入する前、実際に購入した際、そして購入後の過程を旅に見立て（カスタマージャーニー）、その旅程の節目節目での体験を再現していきます。

レジーナ、ヒュー、マサキの３人は、まず機内での体験を高めるために、もしエコノミークラスがパラダイスだったら、そこでの体験はどのようだろうというリフレームの問いからブレインストーミングを行ない、たくさんのアイデアを出しました。

次に、目的地の飛行場での体験を変えることにしました。図表10-1では、旅客のジャーニーが最上段に記載され、その下の行に旅客の行動（activities）とタッチポイント（touch points）を簡潔に示してあります。

1　カスタマージャーニーについては、山脇秀樹『新しい顧客のつくりかた』東洋経済新報社、2021も参照してください。

図表10-1　体験からテーマと課題を見つける：空港の到着ゲートの例

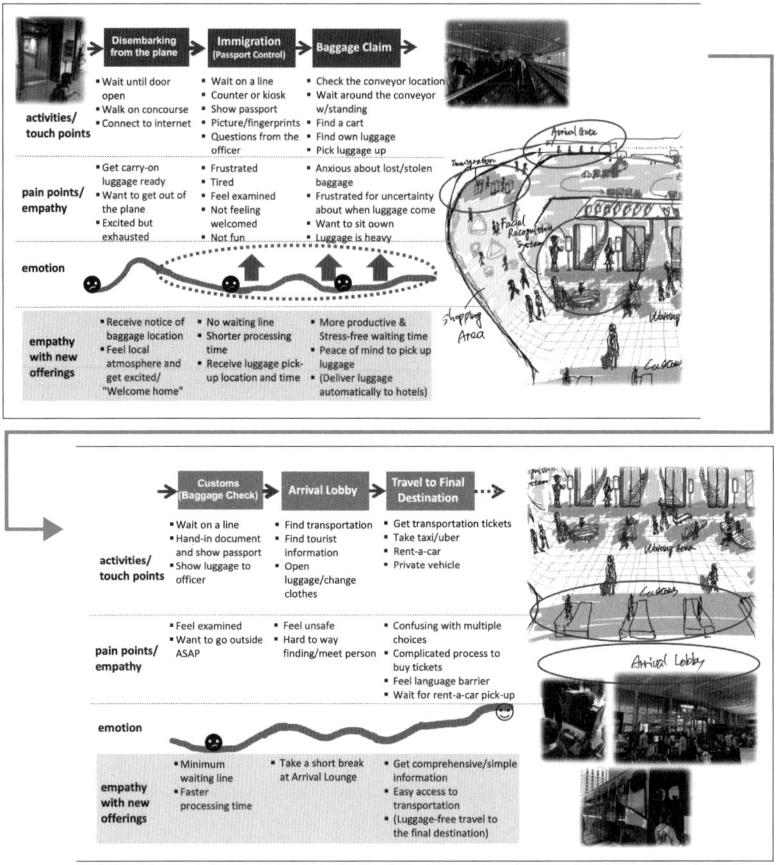

©Masaki Takeuchi, Hieu Tran, Regina Wang

©Masaki Takeuchi

そして各ジャーニーにおける旅客の**痛みの点（pain points）**、あるいは**共感（empathy）**が書き込まれています。旅客の**感情（emotion）の高揚と低下**を示したのが、その下の行の感情メーターとなります。そして最下段の行に、旅客の痛みを和らげ、あるいは取り除き、感動と共感を高めるためのシナリオが書き込んであります。

このチームがカスタマージャーニーの作業から見つけたことは、目的地の空港に到着した途端に、旅客の痛みの点が増え、それまでの感情の高揚が低下し、苦痛に変わることでした。

たとえば、入国審査、手荷物の受け取り、そして税関審査でのフラストレーション、待ち時間、検査されているかのような不快感、不安、心配、不確実性、疲れ、イライラ、どこかに座りたい等々のストレスと苦痛です。

旅客にとっては最悪の気分です。そこで、このチームは旅行出発前と旅行中ではなく、通常あまり課題とならない空港到着後の旅客が感じる痛みに焦点を当てたのです。３人がブレインストーミングをする際に使った問いかけは「目的地の空港到着後の旅客の痛みの点を取り除くための解決策は何か？」でした。

レジーナ、ヒュー、マサキはたくさんのアイデアをつくり、そのアイデアを収斂させ、整理しました。到着後の最悪の気分をよくするための場面と旅客の行動のシナリオをいくつか組み合わせてコンセプトをつくり、可視化したのがそこに描かれているスケッチです。このスケッチは、このチームのメンバーの一人であるマサキが描いたもので、このスケッチを見れば、チームがつくりたい空港の到着ゲートの様子がひと目で理解できそうです。

ここでのポイントは、つくったアイデアを素早く理解してもらうには、言葉を多く説明するよりも、絵を描いて見せるのが手っ取り早いし、ピンとくるということです。

このチームは飛行機を使っての旅行体験を高めるというテーマで

プロジェクトを始め、いろいろなアイデアをつくりました。飛行場に到着後の旅行客の体験を高めるというアイデアは、彼らのつくったたくさんのアイデアのうちの一つです。

重要な点は、リフレーミングを繰り返しながら、とにかくたくさんのアイデアをつくることです。この段階では、とにかく質より量で行こうと決めて[2]、アイデアを出し合うことを勧めます。

自分の体験から見つける

さて、このように体験に基づいてテーマと課題を選び、問題の解決策を考える場合には、図表10-1をシンプルにした図表10-2のような表が役に立ちます。

図表10-2　体験からテーマと課題を見つける：外国人留学生の日本での体験

	日本に到着	いよいよ生活を始める	髪の毛が伸びてきた	友だちが欲しい	歯医者さんに行きたい	日本語がもっと上手になりたい
行動・タッチポイント						
痛みの点 共感						
感情 メーター						
洞察 気づき						
テーマ 課題						

この表の最上段の行は、ある人がサービス・製品を購入する、教

2　質より量のたくさんのアイデアを出すことは、ブレインストームの大切なルールの一つです。もう一つのルールは、出てきたアイデアを批評、批判しないことです。Alex F. Osborn, *Applied Imagination: Principles and Procedures of Creative Problem-Solving* (New York: Charles Scribner's Sons, 1953: 引用は the Third Edition, 1993).

育に投資する、病院に行く、ファイナンスのサービスを受ける、海外旅行に行く、プレゼントをあげる、人生の進路を決める等々、いろいろな活動において意思決定をするときに、その人が体験する旅程（ジャーニー）に応用できます。

図表10-2では、例として、外国人留学生が日本に到着した後の半年ぐらいの間に、日本で体験するさまざまなことをこの学生のジャーニーとして表しています。

日本で生活を始めて２～３カ月経ち、母国を旅立つ前に切ってきた髪の毛が伸びてしまった、髪を切ってさっぱりしたい。最近時々胃の調子がよくないのでお医者さんに行きたいし、虫歯が痛むので歯医者さんにも診てもらいたい。

そして到着後の興奮が収まり、異国の地で暮らして半年経ち、ホームシックではないけれど何となく寂しく感じるときが多くなってきた。だから、お喋りをし、一緒にご飯を食べに行ったりケーキを食べたりする友だちを見つけたい、というようなさまざまな状況が出てきます。

ところが、そう簡単に友だちは見つからないし、お医者さんも見つかりません。たとえ歯医者さんが見つかっても、日本語でいろいろ説明するのはとても大変です。そうしますと、日本に到着した頃の興奮が薄れて、現実の問題として痛みの点が強まります。それにともない留学生のフラストレーションとガッカリ感が増していきます。

そこで、留学生の心の中に浮き上がってきているフラストレーションとガッカリ感から洞察を導き、その洞察をさらに深掘りしていくと何がわかるでしょうか。

日本と海外の社会の違い、日本の制度、日本の生活環境、語学、食事、医療、サービス、日本における外国人留学生の受け入れ、社会の多様性、人材のグローバリゼーション等々、たくさんのテーマと課題を見つけることができるでしょう。そして、このような不満の鬱積する状況を変え、日本での生活体験を良いものにする解決案のアイデアを出すのはどうでしょうか。

外国人留学生ではなく、あなた自身のカスタマージャーニーをつくってみてはどうでしょうか。高校生の場合には、日常の学校生活の中でのいろいろな場面を試してみてください。

たとえば、部活動のトレーニング、試合の日、合宿、旅行、文化祭の準備と実施等々のカスタマージャーニーをつくって、痛みの点、共感の点を明らかにして、そこからたくさんの課題とテーマを見つけることができます。そして、痛みの点を解決する新しい解決案をつくってみるのもよいでしょう。あるいは、共感の点をより多くし、感動と体験度を高めるための新しいアイデアをつくってみてください。

大学生の場合には、ゼミの活動、合宿、卒論、部活動、サークル活動のいろいろな場面、インターンシップの探索、就職活動、アパート探しと引越し、アルバイト先探しのカスタマージャーニーを作成してみるのはどうでしょうか。たくさんのテーマと課題が浮かび上がると思います。

あなたのジャーニーの中の痛みの点を弱めるためのアイデアは何でしょう？　あるいは体験度を高めるための新しい案は何でしょう？

Point!

この章のポイント

テーマと課題は、あなたの体験から見つけることができます。体験から得た率直な問いを自分のテーマにし、課題にするのです。そして、顧客、ユーザー、消費者、クライアント、患者、学生、生徒、訪問客、ビジター、観衆等の人々の視点、人間中心の視点から洞察を行なっていきます。

Challenge!

ためしてみよう

自身の体験や経験、愛着心や情熱をもって専念できる時間、あるいは、活動についてカスタマージャーニーをつくってみよう。図表10-3を使って、空欄を埋めてください。

図表10-3　体験からテーマと課題を見つける

行動・ タッチポイント						
痛みの点 共感						
感情 メーター						
洞察 気づき						
テーマ 課題						

第11章

もしすべてが可能なら？

すべてが可能な世界を考えるとは、パラダイスを考えるのと同じ。
あなたの本心が見える。

ここまで読んだ方は、「自分のテーマと課題を見つけ、新しいアイデアをつくる」というような言葉が繰り返されていることに気づいているでしょう。

トレンド観察、変化の原動力の理解、含意と洞察、テーマと課題を見つける、未来のシナリオをつくる、そして新しいアイデアを出す、というのがここまでのプロセスでした。

この長く煩雑なプロセスの至るところで役に立つ問いかけがあります。英語で「What if?」、日本語に訳すると「**もしすべてが可能なら、どうなるの？**」です。**あなたが抱える課題に対して、「もし従来の仮定を崩して、既存の常識を変えてみたらどうなるの？」という問いかけです。従来の視点、枠組みから外れて（リフレームして）答えを出していくのです。**

ビジネスの世界ではこのようなリフレームをして、新しいアイデアを出した例をたくさん見つけることができます。その例をいくつかあげてみると、

- もし空いている部屋を旅行者に貸すことができたなら
  → Airbnb
- もし工場に行かないでもエンジン組み立ての実習ができたなら

→ BMWでの組み立て作業の実習
- もしオフィス用家具が機能的のみならず美しかったら
  → Herman Miller
- もしエコカーが素敵なデザインでスポーツカーのように加速できたなら
  → Tesla
- もし購入した人に家具を組み立ててもらったら
  → IKEA
- もしスーパーで買った品物を店内で食べることができたら
  → Whole Foods Market
- もしシーズン途中でも新しいデザインの服を次々と投入したら
  → ZARA
- もし飛行場のターミナルがショッピングモールだったら
  →ロンドンのヒースロー空港ターミナル4、ミュンヘン空港

等々が、すぐに見つかります。新しい発想に行き詰まったら、「What if?」「もしすべてが可能なら、どうなる？」と投げかけて、発想の転換を促すのです。

そして、既存の常識を大きく覆していくようにアイデアを出していきます。

英語にstuck（立ち往生）という言葉がありますが、もしスタックしたら、What if? あるいはリフレームしてみてください。きっと、泥沼から抜け出せるでしょう。例を3つあげましょう。

What if? の問いかけでわかる本心

第1章で3つのマインドマップを作成してもらいました。さらに、作成した3つのマップから、眼にぱっととまった3つの言葉をそれぞれのマップから選んでもらいました。

それが、あなたのエネルギーを高め、我を忘れて専念でき、フローになれる活動、「事」、そして「物」でした。そしてそのマインドマップを基にして、あなたが本当にやってみたいことをこれから５年間の人生のプランとして描いてもらいました。

言い換えると、それが What if? の問いかけです。「すべてが可能だったらライフプラン」です。もしすべてが可能ならば、自分のライフプランはこうなる、ですね。そこから出来上がった人生のプランが「えー、こんなの無理よね」「まったく実現不可能だね」でも、それがあなたの本心です。

ですから、それを指針にして舞い上がって（SOAR）ください。

サマンサのマインドマップを見返す

第１章では、このマインドマッピングという手法を応用して、サマンサの心の地図を紹介しました。「あなたが愛着心や情熱をもって専念できる活動やテーマは？」という問いかけから、サマンサは彼女にとって最も理想的な時間、言い換えると充実したパラダイスの様子を描きました。

図表11-1　マインドマップ：サマンサがたくさんエネルギーを感じる活動（図表1-2再掲）

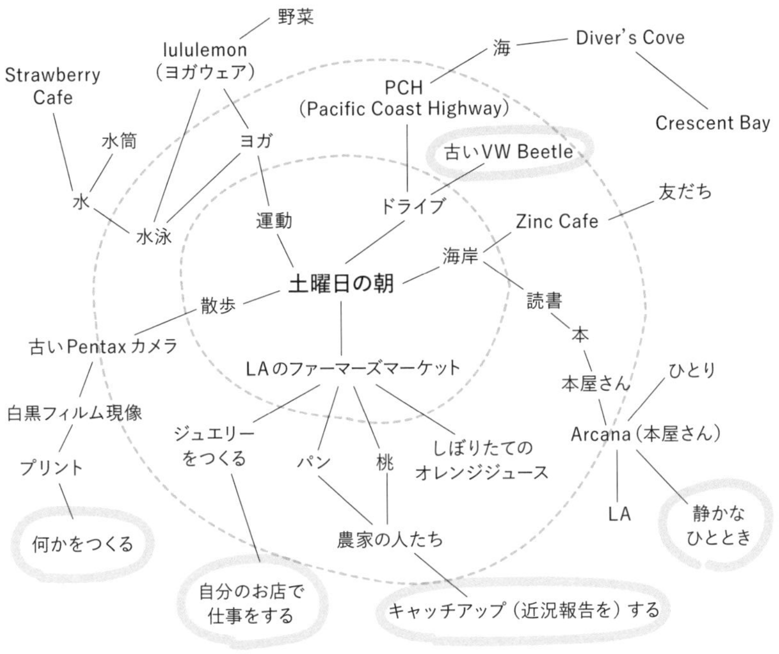

注：英語の言葉は特定の場所、店、物、地名です。丸囲みは洞察の過程で浮き出てきたもので、図表1-3のサマンサの描いたオリジナルのものとは一致しません。

このマップには、論理的に考えた専念の状態、あるいは「正しい答えとしての」専念の状態を描いていません。サマンサの頭にパッと浮かんだ思いが描いてありますので、このマップを見ることによって、彼女の思っていることがひと目でわかるはずです。

自分を知るためのツールとしてマインドマッピングを使いましたが、図表11-1のマップはサマンサを没頭させるような**新しい事業機会のアイデアをつくるための洞察**にも使えます。

ここでのポイントです。まず、サマンサのマップを見ると、一般的に観察できるトレンドがいくつか書いてあります。たとえば、ヨガ、ルルレモン、第8章ですでに取り上げたヴィーガン料理を提供するレストラン（Zinc Cafe）ですね。

ところが、サマンサのマインドマッピングから洞察できるのは、それだけではありません。彼女が、それと同等に、あるいはそれ以上にしたいと思っていることは、そうした現在のトレンドを超えた、その先の「事」のようなのです。つまり、サマンサが描くパラダイスでは、現在のトレンドだけではなくて、それを超えた先の「物」と「事」が大切なのです。

毎日の生活がスマホのスワイプに追われ、スワイプに溺れそうなので、土曜日には一気にそれを超えて、「自分のお気に入りの『物』と対話」し、アマゾンの当日配送ではなくて、ファーマーズマーケットに出かけて行き、そこで昔ながらに「人と対話」することがサマンサのパラダイスなのです。

長くなりましたが、サマンサをペルソナ（ある商品・サービスをよく使うユーザーの人物像）として新しいアイデアをつくる際には、「人との対話」だけではなくて「『物』と『事』との対話」の大切さが一つのコンセプトになりそうです。

物であれ、事であれ、それを操る人との間に対話が起こるとき、その活動に我を忘れて没頭し、大きなエネルギーが生まれ、その人を専念させ、時間が経つのを忘れてしまう、ということがこのペルソナからわかりました。他にもたくさんの洞察を導くことができると思いますので、試してみてください。

農家と消費者のパラダイス

クレアモントでの筆者の授業に参加していたチームが、アメリカの食品・食材・農業のサプライチェーン（原材料の調達から消費者・お客さんの元に届くまでの流れ）に What if? を使った例を紹介しましょう。

３人のメンバーから構成されたこのチームの一人ヴィーは、南カリフォルニアに本拠を置き、全米で2200店舗を展開するアメリカ最大の中華風料理のファストフードチェーンで食材調達のマネージャーを務めています。彼女はサプライチェーンの「不調和」に毎日頭を悩ましています。

特に、最近のサプライチェーンの混乱と不確実性が高まる中で、いかにサプライチェーンの新しい未来をつくるかが、ヴィーの務める会社の大きな課題となっているのです。

そこで、このチームの3人は本書のフレームワークを応用して、まず新しい意味を考え、その意味を土台にして、「What if?」の課題を設定しました。

不調和

アメリカの多くの産業では、サプライチェーンの近代化が進んでいるけれども、アメリカの食品・食材・農業のサプライチェーンは旧態依然とした労働集約的な作業が多い。その結果、需給のミスマッチ、野菜・果物の腐敗、ムダ、食品・食材の大量の廃棄が起きている。環境への負荷が大きい。スーパーでの野菜、果物、肉等の食材の賞味期限のズレ、人気商品の品不足、不人気商品の多大な在庫が日常。

トレンド・変化

労働力不足、賃金上昇。消費者とサプライヤー（供給・納入する人）の高い期待を満たすのが困難。地球と環境に優しく、負の影響を低める必要性の上昇。若い世代のサステナビリティへの高い関心。センサー、データアナリティックス（データを収集・分析し結論を導き出すプロセス）の発展。

従来の意味

生産性と効率性の追求と操業費用の低下。正確な追跡機能と誤りが引き起こすリスクの低減。ロジスティックス（物の流れを効果的・効率的に管理するシステム）の速度の増加。

新しい意味

地球と環境に優しい。サステナブルで負荷が低い。ムダがない。生産者農家はイノベーターであり、アントレプレナーである。

What if?（新しいやり方をつくる）

もし消費者と近隣地域の生産者農家や食品加工製造企業がつながり、消費者の欲求とニーズを常に把握でき、さらには消費者の欲求とニーズをつくり出すことができたなら。

もし農業サプライチェーンの企業が、生産物を引き取り、それをスーパーに配達するだけではなくて、近隣地域の生産者農家と消費者を結ぶ「野菜と食材のデリバリーサービス」を毎朝提供したなら。

もし毎週土曜日と日曜日に開かれるファーマーズマーケットに出店している生産者農家にいつでもオーダーできたなら。

もし消費者が欲しい食材・食品をカスタマイズして注文できたなら。

Point!

この章のポイント

What if? は新しいアイデアを出すためのブレインストーミングを始めるときの問いかけです。あるいは、「もしすべてが可能だったなら、あなたのパラダイスはどのような世界ですか？」という問いに差し替えてもよいでしょう。

What if? の問いの答えそれ自体は、まだ体験したことのない、見たことのない、行なったことのないユートピア、パラダイス、桃源郷なのです。

もちろん、この新しいパラダイスの世界を築けたなら、それが一番ですが、往々にして実現不可能かもしれません。それでも、そのパラダイスにできるだけ近いアイデアを出していくという姿勢、言い換えると、未来に向けて前向きの姿勢と心構えがここでは重要です。

Challenge! ためしてみよう

愛着心や情熱をもって専念できる時間、あるいは、活動について、「不調和の具体的な現象→トレンド・変化→従来の意味→新しい意味→ What if?」を書いてみよう。

図表11-2 What if?

	なんかしっくりいかない不調和がある
不調和の具体的な現象	
トレンド・変化	
従来の意味	
新しい意味	
What if? （新しいやり方をつくる）	

第12章

過去から未来をつくる

過去のイノベーションを振り返ることで、
これからの新しいやり方と工夫が見えてくる。

第7章から第9章では、現在から将来を俯《ふ》瞰《かん》する手法を紹介しました。本章で紹介する手法は現在の観察から未来を洞察するのとは違い、あるテーマについて過去に起きたイノベーション（新しいやり方と工夫、新機軸）を振り返り、過去から現在へかけてのイノベーションの歴史的発展を俯瞰し、その意味を洞察し、そこから将来に向けての新しいやり方の余地を探るものです。

ですので、本章でのキャッチフレーズは「**昔はどうだったのだろう？**」「**これどういう意味があるの？**」、そしてまた「**今どこにいるのだろう？**」です。

これどういう意味があるの？

新型コロナ感染が急増した2020年3月以来、世界の高校生、大学生にとってZoom等のビデオ通信による遠隔授業が新常態となりました。筆者の教えるドラッカースクールでも、2020年9月に入学して2022年5月に卒業した学生にとっては、約2年間の在籍中、対面の授業は卒業前のわずか数科目、残りの科目はすべてオンラインという、ほぼ「失われた2年間」となってしまいました。

クレアモントのドラッカースクールでの日本の高校生のプログラ

ムも、2020年と2021年は現地での開催は中止となり、アメリカと日本を結んだオンライン授業に変更しました。時差が16時間ありますが、日本の昼間はアメリカ西海岸の夜ですので、オンラインでも問題はありません。

2022年の８月は３年ぶりの対面のプログラムに戻りました。２年間のオンラインから対面に戻ってあらためてわかったことは、対面の授業は講師と参加者とのインタラクションの様子がまったく違うということです。

参加している高校生たちのエネルギーが高まり、椅子から立ち上がり、輪になっての討論は、オンラインとはまったく別の体験です。オンラインによる学習と対面による学習は、もちろん知識を学ぶという目的については同じかもしれませんが、その「意味」は違うところが多々あるようなのです。

さて、この「意味（meaning）」について考えてみたいと思います。ある製品を購入する際、あるいはあるサービスを使う際には、**あなたはどのようにして製品とサービスを選ぶのでしょうか？**

言い換えると、「**購買決定の瞬間（buying moment）**」は一体どういうシナリオで起こるのだろう、いったい何がそれを促すのだろう、という疑問です。この疑問を考えながら、「意味」について考えていきましょう。

もちろん製品であれば、その品質・機能・装備・耐久性・サイズ・色といった客観的な属性を考慮に入れると思いますが、それに加えて、あるいは往々にして、それより重要な決め手となるのは、その製品が呼び起こす感動・共感、そして、その製品がもたらす心理的、文化社会的満足度ではないでしょうか。

なぜ、あの商品・サービスは選ばれたのか

イタリアのミラノ工科大学（Politecnico di Milano）教授のロベルト・ベルガンティ（Roberto Verganti）は、この点を明らかにしています[1]。

2000年代半ばまでの50のイノベーションの事例を分析したベルガンティの研究によると、イノベーターが製品・サービスに与えた新しい「意味」が消費者・ユーザーにとって購入の主要な決定因となることがわかりました。

たとえば、**イタリアのAlessi**はキッチン用品のブランドですが、キッチン用品がもつ道具としての基本的機能の意味を変える新しい意味を提供しています。単なる道具としての使いやすさ、耐久性ではなく、遊び心いっぱいのオブジェとしてのキッチン用品が、Alessiが提案する新しい意味です。

任天堂のWiiはゲームコンソール（ゲーム機本体）ですが、高画質、複雑なゲームという指先で遊ぶゲームという意味を追求するのではなく、友だちと一緒の時間に身体を動かして遊ぶゲームという新しい意味をつくり上げました。

スイスのスウォッチは、クオーツ式腕時計が従来提供してきた低価格で高精度という意味から、毎年２回シーズンごとに新しいデザインの時計をつけ替えるファッションという新しい意味をもたらしました。

スターバックスがアメリカ市場に導入した新しい意味は、コーヒー店を単にコーヒーを買う場所から自宅、オフィスとは別の第三の場所に変えたことです。

そして、**トヨタのプリウス**はエコカーの意味を単に燃費が良い車から地球を救う車へと変え、消費者の共感を得たのです。

1 Roberto Verganti, *Design-Driven Innovation: Changing the Rules of Competition by Radically Innovating What Things Mean* (Boston, MA: Harvard Business Press, 2009).

日本の高校生がドラッカースクールのアメリカでのプログラムに参加したときに体験して思い出に残ったのは、グランドセントラルマーケットのトイレ、ヤバい通り、サンタモニカの夕陽だけではありませんでした。もう一つの体験はフリーウェーでの交通渋滞でした。訪問先のバーバンクのウォルト・ディズニー・スタジオとパサデナのアートセンターから宿舎のあるクレアモントに戻る道中は、交通渋滞がなければ40分ぐらいなのですが、夕方の渋滞に巻き込まれたので、ゆうに1時間半を超えてしまいました。

この道筋を毎日車で通勤することを想像してみてください。もし**自動運転**の車があったなら、通勤はもっと楽になり、ストレスが小さくなるのに、と思うようになるでしょう。

さらに、5日に1回のガソリンスタンド参りがなくなったら最高でしょう。もし、通勤用の車が**電気自動車**になって家で充電でき、自動運転でフリーウェーを走り、ストレスが軽減し、事故が減るならば、電気自動車と自動運転はユーザーにとってとても大きな意味があることになります。ユーザーに新しい意味を提供したとき、技術革新を追求することの意味が明確になってくるのです。

日本のブランドが新しい「意味」をつくり、世界的に支持されている代表例としてはアニメーション制作会社の**スタジオジブリ**があげられます。ジブリ以前のアニメーションはハリウッド、特にディズニーの作品に代表されるように、主人公は往々にしてステレオタイプ化されたヒロインであり（多くはお姫様です）、ありきたりの冒険と恋物語がそのストーリー展開でした。

ところが、ジブリ作品の主人公となる女の子はバラエティに富んでおり、型にはまらない性格をもっています。そして、アニメの中で展開される世界とその世界観がこれまでに見たことのない想像力豊かなものであるということも、ジブリ作品を鑑賞した世界中の人を強く印象づける点ではないでしょうか。

さらには、日本独特の文化が優しく、柔らかく描かれていることも、もちろんハリウッド製のアニメとは一線を画する点でしょう。

言い換えるならば、ハリウッドのアニメ、特にディズニーがつくった「意味」、すなわち普遍性、娯楽、おとぎ話、アメリカの文化、ハッピーエンディング[2]、とは別の新しい「意味」を提供しているのです。世界のアニメーション市場における規模ではディズニーには及びませんが、確固たる支持者層が世界中に存在する事は特筆に値すると思います。

アパレルの**コム デ ギャルソン（COMME des GARÇONS）**も新しい「意味」をつくった例と言えるでしょう。川久保玲氏が1969年に創設したコム デ ギャルソンは創設以来50年以上の間、制作及び製造における日本の高い技術力を基に日本で可能な限り生産を行なってきています。世界の高級ブランドであるので価格帯は高く設定されていますが、その服がつくる「意味」に共感する人たちの間で確固たる地位を世界的に確立しています。「多勢に動じない自分としての工夫・独自さ」という「意味」に共感する、「自分は自分」タイプのペルソナの間で世界的な評価を受けてきたのです[3]。

ロサンゼルスのダウンタウン、特にリトル・トウキョウからその東南に位置する区域はこの7～8年間に再開発が進み、**アーツ・ディストリクト（Arts District）**としてロサンゼルスのダウンタウンに新たな意味を与えています。

それ以前は「危険な地域」であったこの区域が今や「クリエイティブな仕事をし、生活をする地域」へと、その意味が大きく変わったのです。それにともない、この地域を訪れる人が増え、新しいロサンゼルスの一つの目的地となっています。ちなみに、コム デ ギャルソンが2004年にロンドンで開店した新しい小売店の形態である**Dover Street Market**はその後、銀座、シンガポール、北京、

2　Dave Smith and Steven Clark, *Disney: The First 100 Years* (New York: Hyperion, 1999).

3　Andrew Bolton, *Rei Kawakubo/Comme des Garçons: Art of the In-Between* (New York: Metropolitan Museum of Art, 2017).

ニューヨーク、そして2018年にはロサンゼルスのアーツ・ディストリクトにオープンしました。

写真18 アーツ・ディストリクトと Dover Street Market LA（上段3枚はアーツディストリクト、左下はこの地域に多く点在するアップスケールでヒップなレストラン、右下が Dover Street Market LA の建物）

第5章の「これ、ヤバい」で、日本の高校生のためのカリフォルニアでのプログラムの話をしました。ロサンゼルスのダウンタウンのグランドセントラルマーケットでの昼食の後に、高校生の印象に一番強く残った「あのヤバい」通りを歩いて行ったのが、このアーツ・ディストリクトなのでした。

アメリカのAO入試の「意味」

日本の高校生にとっては、大学進学に際して、一般入試で志望校を選ぶのか、あるいは総合型選抜（AO入試）方式と学校推薦選抜方式を選ぶのかによっては、高校3年間、さらには中学3年間、場合によっては小学校の過ごし方が違ってくるのは、実際に体験されていることでしょう。

ここでは、「意味」を理解するための一例として、一般入試と総合型選抜の意味の違いについて簡単に考えましょう。誤解を避けるために書いておきますが、筆者の紹介する総合型選抜とは、アメリカの大学で一般的に使われている AO 入試のシステムであり、日本の特定の大学と学部が採用しているシステムそのものを指しているわけではありません。日本のシステムは、アメリカのシステムを参考にしたシステムではありますが、日本独自の工夫もされていますので、必ずしも同一ではありません[4]。

アメリカの AO 入試では、志願者が各大学共通のデジタルのポータルサイトに必要事項を記入し、複数の推薦状と必要な書類を添付します。そして、入学を志望する大学名を選び、各大学別に設定された質問に答える仕組みになっていることは、すでに第３章で述べました。

さて、この選抜方式では、大学進学のための学力試験として受ける共通試験の SAT/ACT の成績が2020年以前は重要ではありましたが、それでもその成績ですべてが決まるわけでは決してありませんでした。

むしろ、この方式では高校４年間の学業成績・課外活動・その他の活動・成果、そして複数の推薦状といった志願者の“ポートフォリオ”が重要であり、共通試験 SAT/ACT と学業成績はその一部なのです。言い換えると、この選別方式で重要になるのは、**志願者のブランディング**なのです。

自分はこういうことをしてきた人間で、こういうブランドをもっている、自分は他の志願者とは違う、だからこの大学は自分に向いている、といった具合に自己をアピールする必要があるのです。

4　たとえば、上智大学、国際基督教大学（ICU）、そして慶應義塾大学経済学部 PEARL プログラムといった英語を標準語とする国際プログラムの AO 入試は国際バカロレアを所有している海外の高校生も願書をオンラインで出願できます。これらのプログラムの出願プロセスは、たとえばアメリカのシステムとほぼ同じで、出願時期も同じ時期となっています。

高校4年間の生活からつくり上げた自分のブランド、ナラティブ、総合的な人間像を見ることがAO入試の「意味」となります。

日本の一般入試の場合には、入試は特定の科目の筆記試験で、その成績が「意味」となるのです。もちろん、大学受験に到達するまでの準備と勉強は1日ではすみませんし、高校3年間だけでなく、小学校、中学校以来の準備の結果でもあるわけです。

ただ、その成果を発揮するのはテスト当日に限られ、数科目のテストの成績がすべての結果と言っても過言ではないかと思います。ですから、その「意味」はAO入試の「意味」とは本質的に違うと言えるのです。

昔はどうだったのだろう?

少し長くなりましたが、本章で使う「意味」という言葉が何であるかをわかっていただけたのではないかと思います。それでは、この意味がどのように新しいやり方や新機軸に関連しているのかをこれから考察していきましょう。

たとえば、フィルムカメラから始まり、ポラロイド、デジタルカメラ、ガラケー、スマートフォン、そしてまた新機種デジタルカメラを歴史的に俯瞰して、その「意味」の移り変わりを追ってみると、意味の変遷が鮮明に浮き上がると思います。

そして、長い間変わらない意味、新しくつくられた意味、あるいは一時期蔑ろにされたけれど、また復活してきている意味に気づかれるのではないでしょうか。

あるいは、筆記具のイノベーションの歴史をテーマにすると、石器時代から綿々と現在まで引き継がれている意味、石器時代の筆記具の問題点とその解決案、それ以来19世紀に至るまでの筆記具の新しい製品を知り、19世紀の画期的な新製品だった万年筆が抱えていた問題点とその解決案、そしてそれから現在に至るまでの筆記具の意味を考えるのです。こうした歴史的洞察から、未来に向けての新しい意味をつくるのです。

本章では、このフレームワークを遠隔教育の歴史に例をとってみました。図表12-1では、アメリカの遠隔教育の発展について簡単に考察しています。イノベーションを歴史的に分析し、未来のアイデアを出すための予備的フレームワークを使っています。このフレームワークはどのような製品・サービスにも応用できます。

図表12-1　新しい意味をつくる：アメリカにおける遠隔教育の変遷

	-1950年代	1960-2000年	2000-2020年	2020-2022年	未来
製品/サービス	大学通信教育	テレビ講座	オンライン講座 MOOC	Zoom等（ビデオ通信）	新しいアイデアとコンセプトは？
ユーザー	高等教育 通信教育 修了証書希望者	高等教育 通信教育 幅広い視聴者	高等教育 幼稚園から高校卒業まで（K-12）の生徒 グローバルな市場	高等教育 幼稚園から高校卒業まで（K-12）の生徒 グローバルな市場	
新しい意味	遠隔地に住む人たち、通常の教育機関に通うことのできない人たち、均等な機会を与えられなかった人たちに、教育の機会を与えた	家庭学習 視聴覚教育 講師と教材を見ながら受動的に学習	個人のペースでの学習 課外学習 週末学習 フリップクラス シンクロナスとアシンクロナス グローバルなアクセス	いつでもどこでも効率的な学習 講師と参加者のインタラクション、チャット グループ学習、ディスカッション 能動的学習	未来をつくるための新しい意味は何か？ 遠隔教育の未来をデザインするためのゴールと基準は何か？
技術	郵便	ラジオ テレビ ケーブルテレビ ビデオ	コンピューター タブレット インターネット	Zoom等ビデオ通信	新しい技術は？

図表12-1の縦の列は遠隔教育のモードが開発された過去の時点、現在、そして未来を表しています。横の行には、過去の画期的な製品とサービス、そのユーザー、ユーザーに与えた新しい意味、そして技術を書き込んでいます。つまり、「昔はどうだったのだろう？」

「これどういう意味があるの？」の問いかけです。

ここでは、筆者のクレアモントでの授業に参加したチームのプロジェクトをもとに、アメリカの遠隔教育の変遷を例として紹介します。

このチームはリリアン、リリー、ピンの３人からなり、このうちリリアンとリリーはアメリカの中等教育機関で教職・管理職の職務に就いています。２人は初等・中等教育における現在の対面とオンラインの学習モードの未来に深い関心をもち、この２年半で明らかになったオンライン学習の問題点を改善するとともに、その良い点も活かしていきたいと考えています。

そこで、このチームは新型コロナにより、アメリカの初等・中等教育が対面授業という従来の仮定を満たすことができなくなったことを背景として、未来の教育のための新しいアイデアをつくることを目指しました。

このプロジェクトの詳細は本書の目的を超えていますので、ここではその一部である遠隔教育の過去と現在のやり方とその意味に主に焦点を合わせます。

遠隔教育の歴史

1920年代以前に起きた技術革新は郵便による遠隔教育、言い換えると通信教育でした。

その後、1920～1950年代には、ラジオで講義を聴いての遠隔教育が行なわれるようになり、それ以降のテレビが普及した時代には、地上波のテレビ、ビデオ、そしてケーブルテレビによる教育番組が普及しました。

日本でも、テレビを媒体とした高校生向け、大学生向け、社会人向けの種々のプログラム、そして語学番組は現在でも広く一般的に普及しており、数多くの講座が2022年現在でも開講されています。

その後、21世紀に入り、コンピューター、インターネット、そして録音済みのビデオ配信による遠隔教育が普及、発展しました。さらに2010年以降には、先に紹介した技術に加えてタブレットが登場しました。

そして、2020年に新型コロナ感染が拡大し遠隔教育が初等教育から高等教育まで広範に行なわれるようになると、コンピューター、タブレット、インターネット、Zoom等によるビデオ通信の使用が急速に発展したのは周知の通りです。

対象となるユーザーは長い間、大きな変化はなく、アメリカの場合、基本的には高等教育を通信教育で受け、修了証書をもらうことを目的にする人たちでした。ところが2000年代に入り、コンピューター、インターネットの普及により、幼稚園から高校生まで、オンラインの授業、オンラインの宿題、オンラインでのワークショップ、オンラインでの課外活動（たとえば、ピアノ、バイオリンの実習）等が導入されました。

その後、新型コロナでキャンパスが封鎖された2020年3月から2021年6月にかけては、対面の授業は行なわれずに、オンラインによる授業のみとなりました。

そして感染が減少した2021年の9月からは、オンラインと対面のハイブリッドによる授業が行なわれるようになりました。

過去の画期的な学習方法はどのような新しい意味をユーザーに提供したのでしょうか。1920〜1950年代にかけては、遠隔の地に住む人たち、通常の教育機関に通うことのできない人たち、均等な機会を与えられなかった人たちに、教育の機会を与えたことが大きな意味であったと言えます。

その後は、ユーザーにとっては新しい技術が提供した視聴覚教育の利便性が重要な意味となりました。講師と教材を画面で見ながら受動的な学習ができるようになったのはテレビが普及したおかげです。テレビにより講義を家に居ながらにして聴くだけではなくて、見ることもできるようになったのはまさに大きな進歩でした。

そして、2000年代に入ると、遠隔教育の意味が大きく変わりました。テレビの画面を見て学習する受動的な学習方式から、新しい技術によって、個人の学習ペースに合わせた学習、能動的な学習方式、そして同時進行（シンクロナス）のライブ講義とあらかじめ収録した（アシンクロナス）ビデオによる学習が可能になり、遠隔教育の意味が大きく変わりました。

さらに2020年以降のコロナ下で急速に市場を拡大したZoom等のビデオ通信では、講師と履修生の双方向の対話が可能になるとともに、ブレイクアウトルームを使ってのグループ内の参加者同士の会話、チャット機能を使っての会話も可能になりました。

過去の遠隔教育に共通していた講師から履修生へ流れる一方向の学習の仕方がこれにより大きく転換し、ディスカッション、プロジェクト、ネットワークづくりも可能になり、その意味も大きく変化しました。

そして、ユーザーの遠隔授業に対する認識が大きく変わり、遠隔教育の受け入れ度、そして浸透度が著しく高まったのは、ご存知の通りです。

新しい意味をつくる

さて、新型コロナと共生あるいは新型コロナ後の未来の世界では、ユーザーにとって遠隔教育の意味はどのように変わり、どのような新しい意味が必要になるのでしょうか。

２年半にわたるオンライン学習の実施により、オンライン学習の良い点と悪い点、対面学習の良い点と悪い点が体験から検証された現在、将来の教育モードをつくる際に考えなければいけない新しい意味は何でしょうか。

本章のここまでの問いは、簡単に言うと、「**今どこにいるの？**」

「今何が起こっているの？」「昔はどうだった の？」「これどういう意味があるの？」「ここからどこに行くの？」ですね。

過去に起きた画期的なやり方を振り返り、それが提供した（当時の）新しい意味を考え、そこから洞察を導き、未来をつくるアイデアを生み出す作業において、鍵となるポイントを整理しましょう。

①過去の画期的な製品・サービスが提供した意味の中で、将来も引き続き提供すべき意味はどれか？　なぜ？
②過去には提供されなかったが、将来新しく提供すべき意味は何か？　なぜ？
③過去には重要と考えられたが、将来には提供しなくてもよいと考える意味は何か？　なぜ？
④ここまでの①～③の答えを基にして、新しいアイデアをつくる際の目的と基準を考える

忘れないでいただきたいのは、図表12-1をつくり上げること自体が作業の目的ではありません。図表12-1の目的は、歴史を振り返り、時代ごとの新しいやり方の意味を理解し、未来をつくるための新しい意味を洞察することです。

言い換えると、この作業を通じて、「今どこにいるのだろう？」の問いかけに、第７章と第８章の作業とは別の視点から答えを出しているのです。

過去に起きた画期的な方法と工夫は、その当時のユーザーが抱えていた課題、問題に答えを出してきました。ですから過去のやり方を俯瞰することにより、過去の課題と問題を知ることができます。そして、それによって、現在の状況がより深く理解できるのです。

さて、新しい意味をつくるために、リリアン、リリー、ピンの３人は、過去の画期的な学習方法のもつ意味を基にブレインストーミングを行ないました。かなり時間をかけてブレインストーミングを

したのですが、新型コロナ後は対面に戻るべきなのか、対面とオンラインの割合はどうするのかの議論で行き詰まってしまいました。泥沼にスタックしたのです。

そこで、このチームはプロセスの前段階に立ち返り、過去のやり方の視点はどこだったのかを考えてみることにしました。すると、過去の方法の多くは履修生の視点から新しい意味と価値を提供していることに気づいたのです。

リリアン、リリー、ピンは、これまで３人の視点から、すなわち学校の教員と職員の視点から、「対面とオンラインの最適な組み合わせは何か」というコロナ感染下で常態となったZoomでのオンラインを継続することを前提として、新しいアイデアを出そうと躍起になっていたのでした。

そこで、このチームはWhat if?の問いかけをして泥沼からの脱出をはかることにしました。まず、第１章で紹介したマインドマッピングの手法を使い、**高校生の生徒に彼らの視点からの学習のパラダイス**を描いてもらいました。

その作業から浮き上がってきた高校生のパラダイスは、生徒の学習効果を考慮した授業内容、講義とディスカッションだけではなく体験型・イマージョン型（没入型）の学習方式、人と人とのつながりの体験、社会とのつながりの体験、生徒が参加して多様な活動を計画するプロセス、多様な文化との触れ合い・体験、そして楽しい学習環境が最も大切な学習パラダイス要因だったのです。

こうして、このチームは、生徒の視点からの学習モデル、あるいは生徒の頭に浮かぶ理想的な学習とは何かを知ることができたのです。

そして、この洞察から、**このチームはこれまでの枠組みと課題を変える、言い換えるとリフレーミングすることに決めたのです。**

対面授業とオンラインの最適な比率を考えるのではなくて、「オンラインでしかできないことは、いくつあるのだろう？」と課題を変え、オンラインのほうが対面より学習効果が高いことは何かを考えるように課題をリフレームしました。そして、そこから生徒にとっての新しい意味を探ることにしたのです。

Point!

この章のポイント

過去の画期的なやり方が提供した意味を考えることは、新しいアイデアをつくる際の方向を示してくれます。そして、これまで提供された意味のみならず、これまで提供されてこなかった意味にも思いをめぐらせるのが大切です。ここでの作業でも、第７章と第８章で調べたいろいろなトレンドと変化、その含意にまで立ち戻ることが大切です。繰り返しますが、人間中心の視点を忘れないようにしてください。

Challenge!

ためしてみよう

この章の解説と図表12-1を基にして、「新しい意味をつくる」作業をしてみましょう。

①まず、あなたの関心のある製品・サービスを選びます。第７章と第８章の作業で選んだ産業・分野あるいは製品・サービスをここでも使うと、これまでの作業を通してある程度の予備知識が蓄積されていると思いますので、作業がスムーズにいくかと思います。

②今回の作業では、選んだ製品・サービスについて図表12-1のような表（図表12-2）を作成します。製品・サービスの代表的な新機軸の歴史を追って、それが提供した意味を考えてください。そして、新しい意味について深

く考え、通り一遍の意味ではない新しい意味をつくってみてください。図表12-2では、スペースの都合上、過去のイノベーションを便宜上3つに絞ってありますが、それが5つ、8つ、あるいは15とあるのであれば、それらすべてを考察する列を表に足してください。

③図表12-2に過去から現在のイノベーションを書き加えたならば、いよいよ本文154ページで提示した①～④の問いの答えを考えます。ここでのポイントは、図表12-2の右端の列、未来の列とその行の中身を考えることです。そして特に重要なポイントは、「未来の新しい意味は何か？」を明確にすることです。

④そして、考え出した新しい意味に焦点を当て、「新しい意味を提供するためのアイデアは何通りあるのだろう？」という課題を投げかけます。この問いかけに答えるアイデアをたくさん出してください。

図表12-2 新しい意味をつくろう

	過去のイノベーション1	過去のイノベーション2	過去のイノベーション3	現在	未来
製品/サービス					新しいアイデアは？
ユーザー					
新しい意味					未来をつくるための新しい意味は何か？
技術					

第3部

新しい意味をつくる

蒼い海がよいか、赤い海がよいか

第13章

サメのいない海を探すこと

あなたが活動している場所はレッドオーシャン？
それともブルーオーシャンか？

新しいやり方、そして新しいアイデアの本質はまだ誰もやっていないことをすると言っても過言ではないと思います。まだ誰もやっていないということは、**競争相手がまだいない状況**です。

このような状況は、企業にとってはもちろんのこと、個人にとってもまさに絶好の機会です。これまでなかった意味、あるいは価値を新しくつくり、競争相手が誰もいない製品・サービスを提供し、新しい市場を開拓していくやり方は、企業の競争戦略として使われています。

この本のタイトルにも使われている戦略という言葉はどんな意味があるのでしょうか？　ここでは、**戦略とは、ビジョン、すなわち長期的な目的を達成するために必要な行動のプラン**としましょう。言い換えると、企業（あるいはあなた）が将来達成したいと希望するゴールに到達するためのゲームプランです。

既存の製品・サービスの市場を海にたとえるなら、競争相手がサメのようにウヨウヨとたくさん泳いでいて、互いに血を流して海が真っ赤に染まっている状態です。このような状態は、レッドオーシャン（真っ赤な海）と呼ばれています。

身近な例としては、日本のペットボトルや缶飲料を考えてみてください。スーパーやコンビニ、あるいは自動販売機で売られている飲料は、一体どれくらいの製品が1つのカテゴリーにあるのでしょう？　お茶、水、コーヒー、紅茶、炭酸飲料、ジュース等のカテゴリーの中では何社の企業がいくつの製品を毎年、あるいは季節ごとに市場に送り込んでいるのでしょうか。とにかくたくさんの製品が同じカテゴリーの中にひしめき合って、競争しているのです。

ブルーオーシャンの戦略

そこで、そのような競争相手がたくさんいるところにわざわざ入り込んで苦労するのではなくて、競争相手のサメたちがまだいない、つまり血で汚れていない紺碧の海（ブルーオーシャン）に新しい市場をつくろうというのが、ブルーオーシャンと呼ばれる戦略です[1]。

簡単に言うと、既存の産業内での立ち位置による競争は避けて、競争相手が誰もいない場所で事業を展開しなさい、ということです。これが上手くいけば、まさに誰もが願ったり叶ったりの戦略で、至極ごもっともなのですが、さて実際にどうすれば競争相手のサメのいない場所を見つけられるのかいな、という質問にみなさんはすぐに打ち当たるのではないでしょうか。

レッドオーシャンの戦略

一方、競争相手がたくさん存在している市場、つまりレッドオーシャンと呼ばれる市場に参入して成功を収めるには、消費者の目に留まり、購入してもらわねばなりません。

第3章でブランドについて簡単に解説したのを覚えていますか？

1　フランスのパリ郊外フォンテーヌブローにあるINSEADというビジネススクールのチャン・キムとレネ・モボルニュ両教授が提案しました。W. Chan Kim and Renée Mauborgne, *Blue Ocean Strategy: How to Create Uncontested Market Space and Make the Competition Irrelevant* (Boston: Harvard Business Review Press, 2005) 及びW. Chan Kim and Renée Mauborgne, “Creating New Market Space,” *Harvard Business Review*, January-February 1999を参照してください。

消費者の目に留まり、そして購入の決断をしてもらうためには、製品と企業のロゴだけではダメです。そのロゴを裏打ちする製品の質、機能性、デザイン、価格、顧客サービス、お店の立地、アフターサービス、広告、そしてイメージまでもが兼ね備わっていなければいけません。

さらには、**企業の組織、文化、歴史、ナラティブ（物語）、パーソナリティも、ブランドと総合的な競争力**を築くための特性です。**ブランドは消費者、顧客、ユーザーに、彼ら／彼女らの視点から見て、その製品と企業がいかに他の製品、他の企業と違うかを識別、認識してもらうことにあります。**

さて、この概念をあなた自身に当てはめるとどうなるでしょう。アメリカのAO入試ではもちろんですが、日本の総合型選抜方式で大学進学を目指す高校生にとっても、これはとても重要な点です。

自分はこういう人間で、こういうブランドをもっている、自分は他の志願者とは違う、いかに自分は他の志願者と違うのか、自分が情熱をもっていること、自分が専念していること、自分のパーソナリティはこうです、だからこの大学は自分に合っている、といった具合に「自分の物語（ナラティブ）」を語り、自己をアピールする必要があるのです。

そして、その人のブランドは一つの特性からのみでつくられるのではなくて、その人の**「総合的」な特性**からつくり上げられるのです。そして、その総合的な特性で戦うことになるのです。その意味において、日本ではAO入試を「総合型選抜」と呼ぶのでしょう。

AO入試では競争も戦略も必要

「第3章　自分が本当にしたいことは何だろう」でアメリカのAO入試の話をしましたが、誤解のないようにつけ加えておきますと、AO入試だからといって競争がないわけでは決してありません。競争相手のサメはいます。

AO入試では、入学試験で高得点を取るという競争ではなく、願書を出した生徒のプロファイル（人物像）を総合的に審査するので、語弊はありますが、陸上競技のディカスロン（十種競技）やトライアスロンのように、いくつかの種目の競技をこなして総合点を争う競争に似ていると言えばよいのかもしれません。

ただし、大きな違いは、競技種目（テーマと課題）を自分で選べること、その中には自分一人しかできない種目（テーマと課題）も含んでもよいことでしょう。

そうしますと、共通学力試験のSAT/ACTは競技のうちの一種目にすぎません。実際の例を出してこの点を補足しましょう。南カリフォルニアに住む16歳のローレン（仮名）はアメリカの高校のジュニア（高3）です。

成績優秀で、テニス部と弁論部でも活躍するローレン

ローレンは中学生のときから大学進学を目指して忙しい毎日を送るマルチタレントな女子です。ローレンの1週間は予定がびっちりと詰まっています。

高校では弁論部で活躍し、全米の大会に出場するレベルにいます。それに加えて、歌を小さいときから習っているので、高校の演劇部が主催するミュージカルでは、高校2年生のときからレギュラーを務めています。

これだけでも忙しい課外活動ですが、これに加えて、ローレンは高校のテニス部に所属しています。高校2年（ソフォモア）のときからチームのバーシティ（varsity, 一軍）のメンバーに抜擢され、8月から11月のリーグ戦ではダブルスで出場しています。

ちなみにシーズン中は学校の放課後午後3時から5時半まで月曜日から木曜日まで練習があり、リーグ戦が始まると、放課後はホー

ムとアウェイの試合で忙しくなります。アウェイの場合は、車で45分離れた高校まで出向くこともあり、試合が長引けば帰宅は夜9時過ぎになります。ローレンはさらに、高校が組織する公式のリーダーシップのメンバーに選ばれ、コミュニティ活動にも活発に参加しています。

さて学校の成績はどうでしょうか。モチベーションの高いローレンは、大学進学に備えたくさんのAPレベル（大学の入門レベル）の授業をとり、そのほかはすべてオーナーズクラス（上級クラス）を履修して、GPAも平均をはるかに上回っているそうです。ローレンはこのようにスーパーウーマンで、いつも笑顔で礼儀正しく、信頼できる女子高校生です。

フェンシングが全国レベルで成績優秀のナタリー

ナタリー（仮名）は南カリフォルニアに住む17歳の高校生で、高校4年生（シニア）です。ローレンとナタリーは同じ高校に通学しています。ローレンは多種多様な活動にたくさんのエネルギーを感じ、愛着心や情熱をもって専念していますが、ナタリーは少し違い、活動の幅は狭くして、それぞれに情熱を燃やしています。

ナタリーは小学校5年生のときに、2歳年上のお姉さんが通うフェンシングのスクールについて行きました。お姉さんは両親の勧めもあってフェンシングを始めたのですが、ナタリーはフェンシングを試してみたら一気に気に入ってしまいました。

それ以来ナタリーはフェンシングを続けています。通学する高校にはフェンシング部がないので、近くのフェンシングスクールで練習を続けています。ナタリーにとって、フェンシングはエネルギーをたくさん感じ、我を忘れて専念でき、フローになれるスポーツなのです。その成果があって、ナタリーは高校1年生のときに全米のランキング入りを果たし、高校2年生のときには、実力でお姉さんを抜くほどになりました。

ナタリーもローレンと同じように高校のリーダーシップのチームに選ばれましたが、ナタリーはジュニアのときにそのチームのプレジデントに選挙で選ばれたのです。

学業もローレンと同じように、大学進学を目指したくさんのAPレベルの科目を履修し、GPAも同じようにオールAの成績を残してきました。

この2人の例から言えるのは、2人とも学業以外にさまざまな活動に参加し、そこで成果をあげていることです。ナタリーとローレンが最終的にどのような大学に進学するのかはわかりませんが、このままいけば、2人の人間像が大学の期待する学生像とマッチする大学に進学できることでしょう。

入学試験の結果で競争するのではなくて、生徒を総体的に審査するアメリカの入学システムでは、このようにプロファイルの違う生徒がしのぎを削る競争になります。

ですから、第3〜5章で述べたように、自分を見つけ、エネルギーをたくさん感じ、非常に専念できて、フローになれる活動を見つけて、そして自分を舞い上がらせていくことがとても大切になってくるのです。

ブルーオーシャン戦略の大きな欠陥

課外活動のスポーツですが、アメリカの高校生で競技人口の多いスポーツは、男子ですと、バスケットボール、フットボール、野球、陸上です。

このようなスポーツではクラブに加盟できても、そこでレギュラーの選手になり、大学願書のポートフォリオに全米、地域、あるいは州でのランキングを書き込めるほどのレベルまでに到達するのは至難の業です。

女子の場合にも、サッカー、ソフトボール、陸上、バレーボール等の競技人口の多いスポーツでは、同じような状況です。

カリフォルニアの女子ですとゴルフを選ぶ手もあるのですが、この15年ぐらいは、特にアジア系の女子の間で人気がある。そうすると、同じようなバックグラウンドの子供たちが競うことになるので、これも厳しい競争です。

そこで考えられるAO選抜の競争戦略が、ブルーオーシャン戦略ですね。つまり、競争相手がいない、やっていない、やっていてもあまりいない活動、種目を選び、そこで良い成果をあげることです。ところがこの**ブルーオーシャン戦略には大きな欠陥があります**。

第一に、そう簡単にそのような参加人口の小さい活動、種目が見つかるわけではありません。第二に、これが重要なポイントですが、サメのいない活動、種目が見つかっても、それが自分のやりたいことをマッチしていなければ、いくらサメのいない海でも、そこで良い成果をあげることはできません。

ですから、**サメのいない活動を探すよりも、自分のやりたいこと、情熱をもっていること、愛着心をもって専念できること、エネルギーをたくさん感じる活動を見つけることのほうが大切です。自分を知り、自分のプロトタイピングを行い、自分を舞い上がらせることが本筋です**。その結果として、競争を無関係にすることができれば、それが一番良い戦略です。

「つくる」作業――ブルーオーシャン発見の基本

さて、第12章で紹介したリリアン、リリー、ピンの3人組は新しい未来をつくるための作業を進めました。

インタラクティブで能動的な学習とネットワーク・友だちづくりは高校生にとって大切な意味があるということは明確になったのですが、それを超えるようなもの、つまり新しい未来をつくるアイデアは、ブルーオーシャンの戦略からはそう簡単には生まれないことに気づいたのです。そこで、本書の第7～11章のプロセスに立ち返り、そこから新しいアイデアをつくることに作戦を変更することになりました。

まず、さまざまな遠隔教育のデリバリーモードが提供する価値の議論だけではなく、さらに幅広く多岐にわたる問いかけとプロセスが必要となりました。

たとえば、将来提供すべき新しい価値を見つけるためには、将来の教育に影響する変化・トレンドの根本要因を理解し（今どこにいるの？　今何が起こっているの？）、「未来の輪」をつくり、X年後の場面とそこでの人の動きから未来のシナリオをつくることが必要です。

次に、デザイン思考を応用して、生徒がもつ痛みの点（pain points）、共感、感情の起伏を知り、生徒の視点から見て真に「楽しい学習」が何なのかを理解し、彼女らの体験から教育の新しい意味を考えるのがよいと気づきました。

そして、過去のイノベーションが提供した意味から将来の遠隔教育と対面教育の新しい意味を洞察する（「これどういう意味があるの？」）ことによって従来の対面と遠隔の境界を再構築し、新しい教育のモデルをつくることも必要となりました（「ここからどこに行くの？」）。

さらに、これまで遠隔による学習に関心が低かった人たちを新しい履修生として取り込むには、どのような新しい意味と価値を提供するのがよいのかも、洞察しなければならなくなりました（「新しい意味は何だろう？」）。

最後に、新しい遠隔と対面の学習モデルの目的（私たちは何をしたいのだろう？）とビジョン（私たちは何になりたいのだろう？）を明確にすることも忘れてはいけないことに気づきました。つまり、教育の本質とは何かのディスカッションも必要不可欠となったのです。
　つまり、実際にサメのいないブルーオーシャンを見つけるためには、ここまで本書で紹介してきたような「つくる」作業が必要不可欠なのです。

Point!
この章のポイント

　競争相手のいない活動を探すよりも、自分のやりたいこと、情熱をもっていること、愛着心をもって専念できること、エネルギーをたくさん感じる活動を見つけることのほうがずっと大切です。自分を知り、自分のプロトタイピングを行ない、そして舞い上がることが本筋です。
　その結果として、競争を無関係にすることができれば、それが一番良い戦略です。

Challenge!
ためしてみよう

　これまでの章の「ためしてみよう」で、自分を知り、自分のやりたいことを知り、それを達成するためのプランを書いてくれました。それをここでもう一度取り出して、読み直してみてください。
　あなたのやりたいことは、他に競争相手のいない、自分がはじめてのことでしょうか？　言い換えると、サメのいない真っ青なブルーオーシャンでしょうか。
　それともすでに多くの人がやっている、競争相手の多い、すでにサメの食い合いで海が赤く染まったレッドオーシャンでしょうか。

第14章

日本のトイレは綺麗すぎ？

「便利そうだ」「いろいろな機能がすごい」と
「あっ、これ欲しい」の違いを考える。

さてこれまで、現在のトレンドから未来を見つける枠組みと過去の画期的な方法の意味から未来を見つける枠組みを紹介してきました。それは「今どこにいるの？」「今何が起こっているの？」「昔はどうだったの？」「これどういう意味があるの？」「ここからどこに行くの？」でした。

新しいアイデアをつくることができましたか？　「これだ！」と思うアイデアが出なくとも、グループの人たちと活発なディスカッションができましたか？　あるいは、自分の考えたアイデアに対して周囲の人からフィードバックは受けられましたか？　気づいたことは何でしょうか？

新しいアイデアをつくること自体は大事ですが、営利、非営利を問わず事業体にとってはそのアイデアを使って未来を実際につくることが必要となります。

本章では、その点について、読者のみなさんがよくご存知の例を使って、お話ししたいと思います。

未来のシナリオ「トイレ先進国」

筆者がその昔に日本で通った大学では、多くの教授が教鞭を執っていました。その中でも一般教養（大学によっては「全学教育」「共通教育」と呼ばれています）課程の学生の間で特に人気が高かったのは、西岡秀雄先生という「人文地理」の講義を担当されていた教授でした。

なぜ人気があったかというと、西岡先生の講義は聴いていて面白かったのがもちろんその理由なのですが、その裏づけとなるデータ、証拠、情報、観察は、先生ご自身が実際に足を使って集められたからでした。

ちなみに、西岡先生はトイレの国際比較の権威でした。先生は講義中に、世界各地で収集されたトイレットペーパーを学生に見せながら、紙の質、肌触り、色の違い、そして各国のトイレの違いから経済・社会・文化・生活様式の違いを洞察されたのです。

また、1960年代から1970年代はじめの日本のトイレは欧米先進国と比べて４Ｋ（くさい、きたない、こわい、くらい）なので、これをとにかく改善しなければ、日本は後進国のままだと力説されておられました。

若い読者の方は、この４Ｋのうちの「こわい」「くらい」の意味がおわかりにならないかもしれないので、本題から大きく脱線しますが、一言。

昭和30年代に筆者の親戚が東京の郊外に住んでいまして、子供の頃にその家を訪れるたびに、トイレに少なくとも１回は行かなければなりませんでした。ところが、そのトイレが母屋の端にあり、しかも薄暗い。電気はあったのだと思いますが、とにかく薄暗いのです。夜ともなればとても暗い。しかも水洗ではないので、しゃがんで下を覗くと、暗い奈落の底が見える。もし足を滑らして、下に落ちたらどうしよう、泳ぐわけにはいかないし、そのまま吸い込まれて糞尿にまみれて死んでしまうのだろうか、とトラウマにもなりかねない怖い思いをこの家を訪ねるたびにいつもしたのです。

こう書くと、世界に類を見ない現在の日本の素晴らしいトイレ環境で育った若い読者の方々は、いったいこの人、何を言っているのだろう、と思われることでしょう。ところが、西岡先生が繰り返されていたように、1960年代、そして1970年代半ばでも、日本は欧米と比べるとトイレの後進国であったのです。トイレ後進国を先進国に変換し、さらに世界一清潔な国に発展させるというのは、その当時のビジョンであり、目的でもあり、使命でもありました。

そして、街の至る所に綺麗で清潔な水洗トイレがあり、とても快適かつ便利、というのは当時描かれた「未来のシナリオ」だったわけです。20世紀末には、日本はこのシナリオを見事に実現し、世界に冠たるトイレ先進国に発展しました。

こんなにたくさん、どこにでも、清潔な公衆トイレがある国は他には見当たりません。第5章で、ロサンゼルスのグランドセントラルマーケットのトイレが汚くて、落ち着かないのでパスした日本の男子高校生の話を思い出してください。日本の若い人は、世界最高の綺麗なトイレに慣れているのです。

ウォシュレットの意味は何？

このトイレ先進国へのシナリオの発展過程で大きな役割を果たしたのは、読者の方々がよくご存知のように、やはりTOTOのウォシュレットとその競合製品ではないでしょうか。海外から日本に到着し、成田あるいは羽田の飛行場のトイレに入ってその姿を見た瞬間に、あー、日本に帰って来たと実感するのです。

日本を訪れた外国人観光客が驚嘆し、戸惑い、写真を撮り、インスタグラム、フェイスブックに掲載し、日本で慣れ親しむのがウォシュレットなのです。最近では、これがついていないトイレが大都会では少ないほどで、まさに、トイレがある所にはウォシュレットとその競合製品ありき、と言っても過言ではないほどの印象を受けます。

前章で言及したブルーオーシャンの概念を当てはめると、まさに、ウォシュレットは日本でブルーオーシャンを見つけたと言えるのではないでしょうか。

新しい製品・サービスが、市場で成功するためには、もちろん新しい価値と意味を消費者に提供する必要があります。いくら製品が技術的に革新的であっても、消費者に「**あっ、これ欲しい（I want）**」と思わせるための購買決定への原動力がなければ、購買には至りません。そこで、一般消費者に「**従来の慣習を変えるための、新しいやり方を提案し**」「**従来の認識を変え**」、そして「**これまでの不調和を解決する**」ことを強くアピールする必要があるのです。

言い換えると、このような**購買決定の瞬間（buying moments）を導くための新しい意味を提供することが重要**になるのです。

日本のトイレ後進国から先進国への発展途上段階において、「新しいやり方、清潔に水を使っての洗浄」「新しい認識、トイレは清潔で便利な家電」、そして「不調和の４Ｋからの脱出」が消費者に受け入れられるための原動力となったのではないでしょうか。

ちなみに、この３つの要因、「**これまでの不調和を解決する（incongruities）**」、「**従来の慣習を変えるための、新しいやり方を提案する（process needs）**」、そして「**従来の認識を変える（changes in perception）**」は、ピーター・ドラッカーが提案したイノベーションの７つの要因の中の３要因、と気づかれた方も多いかと思います。

ドラッカーはこのような要因がイノベーションの動機、原動力となることを示唆しました[1]。

---

1 Peter F. Drucker, “The Discipline of Innovation,” *Harvard Business Review*, 63 (3), 1985. 他の4要因は、思わぬ失敗（unexpected occurrences; 失敗が結果的には、思わぬイノベーションとなる）、産業と市場の変化（industry and market changes）、人口動態の変化（demographic changes）、そして新しい知識（new knowledge）です。

再び、これどういう意味があるの？

さて、これほどまでに日本国内で普及し、海外から日本に訪問した旅行客も体験しているので、さぞかしウォシュレットは海外でも普及しているのだろうと想像するのですが、ところがそうでもないのが実情です。

中国市場とアジア市場では売り上げが近年伸びているようですが、アメリカ市場と特に欧州市場では、浸透率はあまり高いとは言えません。クレアモントでのプログラムに参加した日本の高校生も、現地のホテル、レストラン、美術館を訪ねても、日本のウォシュレットがないことに気づきました。

ウォシュレットは欧米で、どういう意味があるのでしょうか？

ちなみに、筆者自身もこれまでカリフォルニア州の自分の生活圏、行動範囲内で、ウォシュレットにお目にかかったことがありません[2]。

ウォシュレットはブルーオーシャン？

そうしますと、日本の市場では、新しい市場と需要を開拓し、日本の観光名物とも言うべき存在感を誇るウォシュレットなのですが、どうも海外では、今のところイマイチなのです。

試しに、アメリカの伝統的なトイレとウォシュレットが提供する消費者への価値とその提供頻度を比較すると、アメリカの伝統的なトイレと比べると、ウォシュレットはアメリカでは競争相手のいないブルーオーシャンを悠々と泳いでいてもよいはずなのです。とこ

2　ちなみに、アメリカ市場では、TOTO は1989年に水消費量の少ないトイレを市場に導入し、アメリカ市場で唯一の水使用量が少ないトイレとして2000年後期までには25%以上という立派なマーケットシェアを獲得しました。そこで、アメリカ市場での足場を確保したTOTO は2003年にウォシュレットを市場に導入するに至りました。ところが、発売当初は売り上げが伸びたものの、その後は伸び悩み、2007年には TOTO USA の売り上げの5%以下に留まっています。2017年の TOTO の売り上げの約65%は国内市場から得たもので、アメリカ市場とヨーロッパ市場からの売り上げは全体の10%未満と推定されています。“Frequent flyer: why hasn’t the Japanese toilet taken off?,” by Michael Skapinker, *Financial Times*, May 26, 2019参照。

ろが、現実はそうではないのです。
この理由には、欧米と日本とのトイレ文化の違い、トイレの機能に対する消費者の認識の違い、住宅建設の請負業者が通常のトイレの代わりにウォシュレットを設置することに一般的に無関心、そしてトイレが通常設置されている場所の周辺に電気回路が備わっていないという技術的な不便性等々があげられます。
言い換えると、日本では「未来のシナリオ」を実現する過程において、前述のドラッカーの３つの要因「これまでの不調和を解決する」「従来の慣習を変えるための、新しいやり方を提案する」、そして「従来の認識を変える」がうまく機能したのですが、欧米ではそれが購買決定の原動力となっていないのです。
つまり、新しい機能とそれに基づいて新しい価値をせっかくつくり上げたのだけれど、市場の歴史的、社会的、文化的、経済的、あるいは規制等の諸条件によって、それが存分に活かされていない場合があることにも留意すべきなのです。
アメリカの一般的な消費者にとっては、たくさん新しい機能があって素晴らしいし、アメリカの伝統的なトイレと比べると価値はあるね。**でも、いったいどういう「意味」があるのだろう**、となるのかもしれません。

さて最後に、この「意味」について、もう一つの例を紹介してこのトイレの話を終わりましょう。便座使用前に行なう消毒殺菌の話です。環境問題をあまり気にかけていないアメリカでは便座をかたどった紙を便座に敷く、日本では泡状の消毒液をトイレットペーパーにつけて拭くのが一般的な方法です。
そして最近ドイツのアウトバーンのレストハウスに導入されているドイツの秘密兵器は、CWS 社が誇る“回る便座”です。そうです、便座がセンサーで自動的に回転（！）し、消毒装置の下を一周するのです。まさにドイツのエンジニアリングの粋を集めた製品で、馬蹄形の便座がうまく一周する様子には思わず見惚れてしまい、何回も試してしまいます。

さて、この回る便座は何か新しい意味をつくったのでしょうか。もしそうであれば、その新しい意味は何でしょう？

玉は転がる？　転がらない？

少し別の角度から、企業が消費者に提供する価値について考えてみましょう。図表14-1をご覧ください。

図表14-1　玉は転がる？　転がらない？

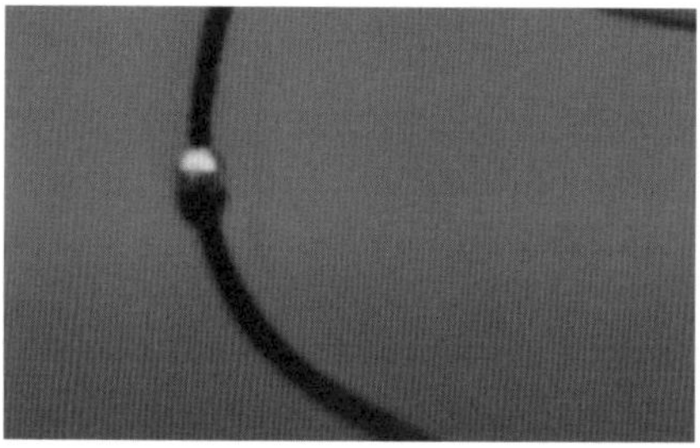

Ball Bearing, a TV advertisement for the Lexus ES300, created by Team One, a Saatchi & Saatchi agency, 1992より作成。

左側の写真は、ちょうど今から30年前のアメリカのテレビのコマーシャルの動画の一場面で、小さい銀のボールが溝の上を転がっているのが写っています。

実はこれは、日本のトヨタのブランドであるレクサスのESというモデルの1992年に放映されたテレビコマーシャルの一部です。なぜ、小さいベアリングの玉を車のボディの溝に転がしているのでしょうか。レクサスのボディのつくりがとても素晴らしい、ボディの継ぎ目のギャップが完璧で、この小さい球が溝を外れることなく、溝に沿って綺麗に走れるほど、製品のつくりと品質がよいのですよ、というのがこの広告のメッセージでした。

“この車はとてもよくできているように見えるだけではなくて、実際によくできているのです”というナラティブで評判になったこのテレビコマーシャルは、当時いくつもの広告の賞を獲得しました。

1992年といえば、日本のバブル経済が崩壊した直後とはいえ、まだまだ日本の製造業の「ものつくり」とそこから生まれた製品が世界市場を席巻していました。特にアメリカ市場では、日本の製品の品質が大いにもてはやされていた時代でした。

では次に、図表14-1の右側の写真をご覧ください。

この写真は、動画を写真にしたものではなくて、筆者が実際に撮った写真です。この写真はアメリカの電気自動車Tのボディの一部で、2019年夏に筆者の知人がオーダーし、その年の冬に納車されたばかりの新車のドアのラインです。助手席側のドアと後部座席のドアのラインに目に見えるほどの段差ができてしまっています。このラインに玉は転がらないと予想できます。

図表14-1の右側に写っている車が、トヨタ、あるいはドイツのメルセデス・ベンツやポルシェだったら、工場を出る前の品質管理工程で落ちてしまったことでしょう。筆者は多分この個体だけの問題かなと思い、事あるごとにT車のボディパネルとドアのシャットラインを見る癖がついてしまいました。

残念ながら、今日までに見かけたT車にはドアとボディの立てつけの悪い車を何度となく見かけました。ここでTの品質が悪いと言って非難することが、この写真をお見せした理由ではまったくありません。

ご存知のように、T車は新型コロナ感染のパンデミックの最中でも売り上げを順調に伸ばし、アメリカ市場で確固たる地位を築き上げました。ちなみに、2021年のアメリカ市場での売り上げ台数は、Tが約30万台、レクサスが約33万台、メルセデスが同じく約33万台でした[3]。

このような背景から洞察すると、レクサスがユーザーに提供する価値はいくつかあると思いますが、その中ではやはり「ものつくり」に基づく高い品質が重要でしょう。一方、Tでは、どうやら車のつくりとボディの出来はあまり重要な価値ではなくて、EVとしての性能、充電スタンド、コントロールパネル、つながる仕掛け、あるいはブランドがその価値のようです。

あえて極言するならば、今のところ、Tであれば「新しい物好き」のアメリカの消費者はちょっとくらい、ボディの立てつけが悪くたって、値段が高くたって買うようなのです。

さて、高校生、大学生のみなさんが考える日本の製造業の「ものつくり」の未来は、どのようになるでしょうか？　この問いは、自動車だけに限らず、他の製品にも当てはまります。第5章で紹介した、日本の高校生がアメリカの家電量販店を訪れたときに発見した状況、そして驚きを思い出してください。

そのとき、今から7年前の2016年に訪れたTのショールームで、「あっ、これ欲しい」と言った高校生が数名いたことも、つけ加えておきましょう。

3　*Automotive News* の統計を編纂。

Point!

この章のポイント

新しい製品・サービスが市場で成功するためには、新しい価値と意味を消費者に提供する必要があります。消費者は「あっ、これ欲しい（I want）」と思わなければ、買いません。消費者に「従来の慣習を変えるための、新しいやり方を提案し」「従来の認識を変え」、そして「これまでの不調和を解決する」ことを強くアピールする必要があります。

Challenge!

ためしてみよう

本章で紹介したドイツのCWS社の回る便座は「どんな新しい意味をつくったのか」を考えてください。「従来のどんな習慣を変え、新しいやり方を提案したのか？」、それが「どのような従来の認識を変えたのか？」「どんな不調和を解決したのか」を考慮することがポイントです。

第15章

「A」だけがすべて

人生の不調和が生まれたらリフレームしてみよう。
プロトタイピングはリフレームのきっかけにもなる。

前章で紹介したドラッカーのイノベーションの3つの要因「**これまでの不調和を解決する**」「**従来の慣習を変えるための、新しいやり方を提案する**」、そして「**従来の認識を変える**」は、第6章でアメリカンガールの新作コリーヌについて観察をした際にも導かれた洞察でした。ここでは、このイノベーションの原動力を、高校生、大学生の方がSOARすることに応用してみましょう。簡単な例を2つあげてみます。

優等生と若手起業家がかかえた不調和

筆者がクレアモントで担当する必修科目の授業「戦略論」をかれこれ10年前にとった学生の中に東アジアからの留学生グレース（仮名）がいました。

戦略論では、ケーススタディから概念を学ぶだけではなくて、その枠組みをチームプロジェクトに応用して、新しい事業機会を見つけ、そのビジネスを実行するための戦略をデザインするのが目的です。

グレースは、筆記の中間テストでは高得点をあげたのですが、ケースのディスカッションでは時折ケースに書かれている事実を述べるだけでした。チームのプロジェクトでもあまり活発に議論に参加せず、彼女が分担した作業も、それほど独創性が高くない結果に終わりました。そこで、期末の採点はＢ$^{+}$となりました。

期末の採点が出た数日後にグレースからメールが届き、採点の件で質問があるとのことです。そこで、翌日のオフィスアワー（授業以外に学生と教員がコミュニケーションをとる時間帯）の時間に面会することにしました。

翌日、グレースが筆者の研究室に来たので話を聞くと、採点が出た日の午後は、泣きながらキャンパスを２時間ほど歩いていたというではありませんか。何かあったのかと聞くと、グレースの人生の中でＡ以外の採点をもらったのは大学・大学院でははじめてだったので、泣いていたとのことです。

筆者がなぜＡ、Ａ$^{-}$ではなくてＢ$^{+}$だったのかを、記録に残っているデータを使って詳細に説明すると、何とか納得したようでした。そこで、グレースが機能不全の思い込みをしていたようなので、自分をリフレームして、ステップアップすることを勧めました。

グレースの思い込みは「人生にとっては、試験の結果がすべて」だったのですが、それを「人生は一つのプロセスであり、一つの結果ではない」と**リフレーム（reframe）**すると少しは気持ちが楽になると話しました。研究室を出て行ったときには笑顔が戻ったので、これまでの人生の不調和にグレースは少し気がついてくれたようです。

マーク（仮名）は今から７～８年前に工業デザインの大学院生でした。大学在学中にいくつかの新しいアイデアをつくりました。その中の一つが、当時新しかったセンサーの技術を使い、犬猫ペットの健康を診断する器具でした。

マークの夢は、大学卒業後に仲間と起業することでした。マークの仲間もいくつかのアイデアをつくり、デザインの会社をつくる準備を整えていきました。在学中は先輩の話を聞き、いろいろな起業家の成功話を耳にし、とにかく起業するということだけで頭がいっぱいでした。

さて、マークと彼の仲間は幸運にも資金を調達することができ、何とかデザインオフィスを立ち上げることができました。念願の起業ができたことで最初は有頂天だったのですが、半年経つとその初期の興奮が薄れて、マークはあまりハッピーではなくなりました。

その理由は、新しいアイデアを出すことはとても楽しいのだけれども、立ち上げた会社を経営していかなければいけないことに気づいたのです。会社はまだマークと彼のデザイナーの仲間だけで、予算の都合で他の人材を新たに雇うわけにはいきません。マークは、ファイナンス（お金のやりくり、資金調達）とマーケティング（広告宣伝、販売促進、営業、販売など）にも関与せざるを得ず、このことですっかり参ってしまっていたのです。

この例は、マークがエネルギーを感じて、愛着心や情熱をもって専念できたのはデザインの仕事だったのですが、起業、起業という周りの言葉につられて起業したものの、すっかり立ち上げた会社をやりくりしなければいけないことを忘れてしまっていたのです。

マークの思い込みは「良いアイデアさえあれば、それですべて大丈夫」だったのでしょう。

ここでのリフレームは「自分の進路を決める前にプロトタイピングを行ない、さまざまな疑問を確認しておこう」となるかと思います。従来の認識を変え、そして、新しいプロセスとやり方で、自分をステップアップすればよかったのでしょう。

OHTANIとKANE-SAN

自分を知り、自分の目的に向かって舞い上がり、自分のブランディングをつくることが大切と述べました。

それでは、**なぜブランディングが大切なのでしょうか。一言で言うと、それが自分を他の人から際立たせるからです**。日本の社会では、他の人と同じように考え行動する、いわゆる横並びを重んじる傾向があります。

ところが、一度日本を出て外国の大学に留学する、海外で働く、そしてそこで**成功するためには、他の人と違うことが重要な点**になってくるのです。自分の長所と技能をアピールし、自分の物語をつくり、自分の存在感をいかに示すかが必要となります。そのような状況で、他の人と同じでは、名前も覚えてもらえません。

そこで役に立つのが、「**これまでの不調和を解決する**」「**従来の慣習を変えるための、新しいやり方を提案する**」、そして「**従来の認識を変える**」のイノベーションの要因です。これを呼び起こして、**自己の存在感を高め、際立たせる**ことができます。

たとえば、従来の認識を変え、従来の慣習・常識を変えた良い例としては、アメリカの大リーグで現在活躍している大谷翔平選手があげられます。大谷選手は投打の二刀流という他の人が真似のできない稀有で高度な技能をもっています。

もちろん、この技能は大変に重要なのですが、大谷選手のエネルギー、情熱をもって仕事に専念している姿、いかにも野球が好きでたまらないという野球への愛着心、そして自分のチームと相手のチームの選手との会話、やりとり、敬意が、テレビと動画からひしひしと伝わってきます。

これも彼のブランドをつくる大きな要素ではないでしょうか。大谷選手の客観的な技能・才能だけではなく、それに加えて、感動に訴える物語がアメリカと日本の観客の心をつかんでいるようです。

もちろん、大谷選手のように稀有な技能、体格、資質、そして情熱を兼ね備えることは、簡単にできることではありません。ところが、自分の物語で人の心を惹きつけることは、大谷選手でなくてもできるのです。

2022年8月に筆者が担当した早稲田大学ビジネススクールのデザイン思考の集中講義には、18名の大学院生が参加しました。このコースは英語で行なわれ、18名のうち日本人の履修者は2人だけでした。参加者はチームを組んで3日目の午後までにプロジェクトを仕上げなければいけません。

あるチームは、海外からの留学生が日本で体験する痛みの点を解決するための案を出すことをプロジェクトの課題としました。もう一つのチームも、留学生の悩みの一つである、外国人が東京で住むところを探すことの難しさと悩みを解決することを課題と決めました。

さて3つ目のチームには日本人のKANE-SAN（仮名）がメンバーに入っています。KANE-SANには生まれて間もない赤ちゃんがいて、その世話をしなければいけないので、このコースにはオンラインで参加しました。

KANE-SANは、チームメンバーとのたび重なるブレイクアウトのセッションで、海外からの留学生のメンバーに彼の抱える痛みと、悩みを熱心に打ち明けたのです。悩みの一つは、仕事で疲れているけれど、夜中に赤ちゃんが起きるので寝られないという、新しい父母の誰もがもつ悩みです。KANE-SANの物語に共感を覚えたメンバーは、KANE-SANの痛みの点を解決することをプロジェクトの課題としました。

KANE-SANの逸話は、よく聞かされる愚痴、本書で言うところの不調和のような話かもしれません。そうでありながら、KANE-SANがプロジェクトのチームの共感を得て、彼らを巻き込むことができたのは、彼が3日間ことあるごとにメンバーに話を聞いてもらい、彼の悩みを理解してもらったことでしょう。

その過程を通じて、メンバーはKANE-SANのブランドをつくり上げたのです。かくして留学生のメンバーにとって、KANE-SANは「赤ちゃんの世話で忙しい日本の新しい世代のMBA男子」というブランドのナラティブそのものになったのです。そして、KANE-SANのチームメンバーだけでなく、筆者も含めてクラス全体が、KANE-SANの名前が出るたびに、このナラティブを思い浮かべるようになりました。

この例は、従来の認識を変え、従来のやり方を変え、不調和を解決しようとすることでブランディングした例と言えるでしょう。

Point!

この章のポイント

「従来の枠組みを変えたら？」、あるいは「従来のやり方を変えたら？」の問いかけでリフレームして、機能不全に陥っている思い込み・信念を崩してください。

Challenge!

ためしてみよう

図表15-1を参考にして、新しい仮定をつくり、リフレームする作業をしてみましょう。

図表15-1　新しい意味をつくろう

	なんかしっくりいかない不調和がある	機能しないやり方を慣習的に続けている	従来の認識が時代にそぐわない
例	（新しいやり方をつくる）	（新しいやり方をつくる）	（認識を変える）
現在の課題			
現在の仮定			
新しい仮定			
解決案			

毎日の生活、学校の課外活動などから、「なんかしっくりいかない不調和がある」「機能しないやり方を慣習的に続けている」「従来の認識が時代にそぐわない」という状況を見つけ、それをリフレームして、新しい解決案を出してください。

第4部

目的を明らかにする

あなたの目的は理にかなっているのか？

第16章

フィードバックをありがとう

「このアイデア、どう思う？」で周囲の人、専門家、経験者とアイデアを共有する。

ここまでの章では、新しいアイデアをつくるための枠組みを紹介してきました。グループで新しいアイデアを出すときに使われる手法に、ブレインストーミングがあります。読者のみなさんの中にはすでに使ったことのある人も多いのではないかと思います。

ブレインストーミングは上手くいかないのが普通

すでに、ブレインストーミングを使った人の感想はどうでしょうか。うーん、上手くいかなかった、あまり良いアイデアが出なかった、２つぐらいしかアイデアは出なかったでしょうか。実は、筆者の授業でもそれが普通で、そう簡単に良いアイデアが１時間の間に50も60も出てくるわけではないのです。

一番よくある失敗のケースは、チームのメンバーの１人が自分のアイデアに固執して、それだけを押し通そうとする場合です。このような声の大きい１人がいるチームでは、その人が出した最初の１つのアイデアで終わってしまい、このアイデアから先に進まずに、そこで止まってしまい、泥沼にスタックしてしまうケース。他のメンバーがいろいろなアイデアを出し合う状況をつくることがとても大切です。

もう一つよくあるケースは、チームの誰もが拡散的にアイデアを出すのはよいのですが、どうもチグハグというか、なんかありきたりでよくないなー、というような場合です。

このような状況では、往々にして**最初の課題の問いかけを変えるとよくなる場合があります**。課題が広すぎる場合、抽象的すぎる場合、あるいは課題の目的がはっきりしていない場合です。

また、課題が新しいアイデアを求めるのではなくて、あるアイデアのバリエーションを求めている場合にも、出てきたアイデアはつまらないものになる傾向が見てとれます。課題に答えが含まれてしまっているケースでは、そこからは、アッと思う答えは出てきません。

最後に、ブレインストームといいながら、インタビュー形式であったり、ただのおしゃべり会であったりすると、新しいアイデアをたくさんつくるという目的を達成できない事態が起こります。そこでもう一度、**ブレインストーミングの基本**を思い出してみましょう[1]。

- 質より量
- 出てきたアイデアを批評、批判しない
- 主流の論理、境界、枠組み、思い込みをガイドラインとしない
- こんなアイデアだと馬鹿にされるよね、と思わない、思わせない安全な場（safe space）をチームでつくる
- チームのメンバーが協力し合う
- 出てきたアイデアに枝葉をつけて、みんなで成長させていく
- 大それたアイデア、常識外れなアイデア、非日常的アイデア、大歓迎

1　Alex F. Osborn, 1993（同前）。

アイデアからコンセプトへ

アイデアをたくさん出すことを目標にして、作業を進めてきました。アイデアがたくさん生まれてよかったね、ハイファイブ（ハイタッチのこと。ハイタッチは和製英語です）、これでワークショップ終了、お疲れさまでした、で幕を閉じるワークショップは巷には少なからずあるのかと思います。

ところが本書では、ここでおしまいとはいきません。もう一踏ん張りが必要です。アイデアをたくさん出したそのあとは、それらをコンセプトにまとめ上げることが必要です。

コンセプトという言葉は非常に幅広く使われており、アイデアと混同されている場合も多く見られます。本書では、**ある１つのコンセプト（a concept）は、ある１つのアイデア（an idea）より、より整理されている**と考えます。

アイデア創造のプロセスでは、アイデアが最初のテーマと課題から大きく多方面に広がっていくので、拡散的と言えるでしょう。

アイデア（ideas）はいくつも生み出すことができるかもしれませんが、コンセプト（concepts）は、生み出されたアイデアのうちのいくつかをある方向に収斂させ、それを整理することにより、はじめて出来上がります。その意味で、コンセプトの創造過程はより収斂《しゅうれん》的、１つの方向にまとめていく傾向があると言えます。

「この新しいアイデア、どう思う？」

本章では、アイデアを創出したら、その後どうするのがよいのかについてお話ししたいと思います。プロジェクトの課題に答えるための新しいアイデアを創出した後に行なうのは、そのアイデアを他の参加者と共有して、フィードバックを受ける作業です。フィードバックとは相手のアイデアや行動に対して、良い点、疑問点、アドバイスを伝えることを言います。

ここでのキャッチフレーズは「**この新しいアイデア、どう思う？**」です。

以下の解説では、グループ作業を前提としていますが、一人で作業をする場合も往々にしてあるかと思います。その場合でも、やはりフィードバックを受けることは大切です。

アイデアが浮かんだらすかさず、友だちにそのアイデアを聞いてもらい、フィードバックを受けるのもよいでしょうし、いくつかのアイデアが浮かんだら、それらをまとめて聞いてもらうのでもよいでしょう。要点は、**長い間アイデアを寝かせておかないで、なるべく早くフィードバックを受けることです。**

高校生の場合、アイデアを聞いてもらうのは、身近な兄弟、親、友だち、クラスメート、先生がよいでしょう。

グループワークでない場合には、グループ内からのフィードバックがもらえないのですが、その場合には、課題を理解できる人を見つける必要があります。もちろん、実際にその課題の分野で仕事をしている人を知っているのであれば、その人に聞いてもらうのがお勧めです。

そして、フィードバックを受け、それを内省し（自分の中であれこれとじっくり考える）、そこからコンセプトにまとめていきます。

アイデアを磨き上げるフィードバックの受け方

アイデアをチーム内、あるいは別のチームと共有し、フィードバックを受けるという作業は、新しいアイデアを磨き上げるための手法として広範に使われています。その手順を３つのステップに分けて簡単に説明しましょう。ここでの流れは図表16－1を参照してください。

図表16-1 アイデアを共有し、フィードバックをもらう

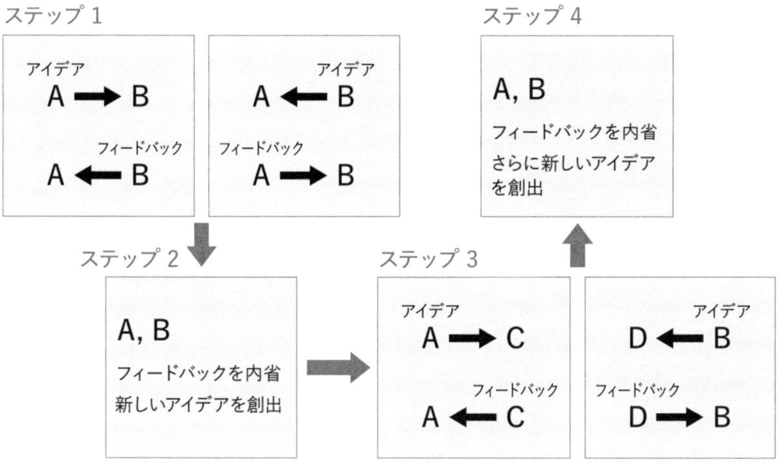

ステップ１

①これまでグループで作業を進めてきた場合には、そのグループ内のメンバーＡさんとメンバーＢさんがペアを組みます。

②ＡさんとＢさんそれぞれがつくったアイデアをお互いに共有します。２人が同時にアイデアを説明するのではなくて、まずＡさんがＢさんに、Ａさんのアイデアを簡潔にわかりやすく説明します。ポイントは、だらだらと説明しないで、時間を５分とか８分に決めると効率的です。

③決められた時間が来たら、そこでＡさんは説明を終了します。そして、これまでＡさんのアイデアを聞いていたＢさんが、Ａさんにフィードバックします。ここでも時間を設定すると効率的です。Ｂさんは与えられた５分間でいろいろな観点からフィードバックを話します。Ａさんのアイデアの良かった点、そのアイデアが機能するだろうと思う点、疑問点、質問、こうすればもっとよくなるかもしれないというアドバイス、Ａさんのアイデアの仮定に対するコメント、等々がフィードバックの例でしょう。

④②から③の作業が終わったならば、ここで、ＡさんとＢさんは各々の役割を交代し、今度はＢさんがＡさんにＢさんのアイデアを説明します。そして、Ｂさんがアイデアを話した後、ＡさんがＢさんにフィードバックします。

ステップ2

①ＡさんとＢさんは、各自のアイデアについてのフィードバックを受け取ったので、それについて各自で内省をします。受け取ったフィードバックから上手くいった点を確認し、改善すべき点を見つけ、疑問点に答えます。

②このプロセスから湧き出てきた新しいアイデアをメモし、これまでのアイデアをさらに新しいアイデアへと発展させ、磨き上げます。

ステップ3

①今度は同じグループのメンバーとペアを組むのではなくて、別のグループの人とペアを組んでください。たとえば、Ａさんは別のグループのＣさんと、Ｂさんはさらに別のグループのＤさんとペアを組みます。

②そうして、ＡさんとＣさん、ＢさんとＤさんの各ペアは、ステップ１で行なった②、③、そして④を繰り返します（図表16-1を参照）。

ステップ4

①ＡさんとＢさんは、各自のアイデアについてのフィードバックを別のグループのＣさんとＤさんから受け取ったので、それについて各自で内省をします。受け取ったフィードバックから上手くいった点を確認し、改善すべき点を見つけ、疑問点に答えます。

②このプロセスからつくられた新しいアイデアをさらに発展させ、

磨き上げます。

この後は、各自がもらったフィードバックを基にして新しいアイデア、さらに大きなアイデアを創出して終了してもよいし、さらにフィードバックを続けて、同じグループ、別のグループの人たちと共有を繰り返すことによって、さらにたくさんのフィードバックを得ることもできます。

この作業では、自分たちのグループのメンバーとは別の分野の人たち、多様なバックグラウンドの人たちからフィードバックをもらうことが特に大切です。

なぜならば、異なる分野、バックグラウンドの人たちは、自分とは違う仮定を設定している場合が往々にしてあるからです。最後に、このような「**アイデアを素早く共有し、たくさんのフィードバックを得る**」作業は、筆者の担当するコースを履修した学生諸氏から、特に有効な手法と評価を得ていることも記しておきます[2]。

ライフプランとフィードバック

本書の第２章で、大学進学とこれから５年間のライフプランをデザインし、それをプロトタイピングすることについて書きました。本章で述べた、新しいアイデアを共有し、フィードバックをもらい、内省し、さらに新しいアイデアをつくるというプロセスは、進学と人生のプランにも応用することができます[3]。

新しいアイデアの場合と同じように、あなたの将来のプランを、

2　たとえば、リーンスタートアップ（lean startup）の事業開発モデルでは、開発した製品・サービスが最低限のスペック（MVP; Minimum Viable Product）の条件を満たしていれば、それを素早く市場に導入して市場のフィードバックを速やかに得ることが、重要視されています。Steve Blank, “Why the Lean Start-Up Changes Everything,” *Harvard Business Review*, May 2013

3　Bill Burnett and Dave Evans, 2016（同前）では、フィードバックを得ることがプロトタイピングの大切な過程の一つとして挙げられています。

チャンスがあれば、とにかく経験者に話してみる、そして少しでも体験してみるのがキーワードです。

筆者の知人のＫ氏は京都出身の40代の建築家です。むかし彼は大学進学にあたり、自動車デザインで有名なパサデナのアートセンターに進学し、トランスポーテーションデザインに進むことを一つの選択肢と考えていました。

日本からアメリカに留学するわけですから、費用もかかるし、そう簡単に決断するわけにはいかないので、知り合いの日本人の自動車デザイナーを訪ね、職業としての自動車デザイナーとはいったいどういうものなのか、そして自動車デザインについてさまざまな話を聞き、Ｋ氏が胸に抱くプランについての専門家のフィードバックを受けたのでした。

その結果、それまでは漠然としていたＫ氏の頭の中がまとまりだし、最終的には自動車デザインではなく、建築を目指してイギリスの大学に留学することに決めました。大学を卒業し、イギリスで資格を取り、現在は京都とスイスを拠点とし、建築家として世界的に活躍しています。

Ｋ氏は、彼のプランを専門家と共有し、フィードバックをもらい、自分の進む道を決めたのでした。専門家からフィードバックをもらうのは、誰しもそう簡単にいくわけではありませんが、あなたのプランに描かれた仕事に実際に就いている人たちに自分のプランを話し、その人たちからフィードバックをもらえれば、とてもよいでしょう。

もう一つの方法は、友だちと自分のライフプランを互いに共有して、そのグループの人たちからフィードバックをもらうことです。このグループに友だちだけではなく、経験がすでにある先輩に入ってもらうのもよいでしょう。

Point!

この章のポイント

多様なバックグラウンドの人たちから、「自分では思ってもいなかった」「自分では考えもつかなかった」フィードバックをもらってください。そして、もらったフィードバックから、さらに新しい案をつくっていくのです。「このアイデア、どう思う？」を繰り返してください。

Challenge!

ためしてみよう

第２章であなたが書いた人生のプランをもう一度読み返してみてください。そこで、実行に移すためには、プロトタイピングが必要と述べました。その章の「ためしてみよう」では、自分で書いたプランを自分の身近な人に話をしてみるように勧めました。

どんな人に話をしてみましたか？　どのようなフィードバックをもらいましたか？　そこから、さらに新しいアイデアとプランは浮かび上がりましたか？　さらにフィードバックを受けるとすると、どんな人物から受けたいですか？

第17章

いったい私は何をしたいのだろう？

複数のアイデアから選択するときには、
ビジョンや目的に立ち返ることが大切。

さて、ここまでの作業で、新しいアイデアをたくさんつくり、それをコンセプトにまとめ上げました。ところが、また新たな問題が生まれました。

それは「たくさんのアイデアとコンセプトをつくったけど、いったいどれを選べばよいの？」という問題ではないでしょうか。アイデアがない、コンセプトがないという状態よりはずっと、うれしい問題ではないでしょうか……。

この章では、この問題に答える案を紹介します。

ビジョンと目的

プロジェクトの「ビジョン（vision）」と「目的（purpose）」の重要性は、ここで言及するまでもないと思います。

ビジョンとはあなたが「達成したいと希望すること」です。言い換えると、「将来達成したいゴール」であり、「広い視野と高いところから見てインパクトのあるゴール」です。

目的は、あなたが「なぜ、そのビジョンを追求しているのかの具体的な理由」です。

この10年ぐらいの間に、明確なビジョンをもって経営をしている企業、事業が増えています。特に、**利益のみを追求するのではなく、それを超えた社会的なインパクトをゴールとするビジョン**をもった企業・事業です。そして、そのような企業・事業を「目的主導型（purpose-driven）」企業・事業と呼ぶようになっています。

そうしますと、ビジョンは将来的なゴールですので、それ自体を目的と解釈する場合も往々にしてあり得ます。言い換えると、**ビジョンと目的は互いに互恵関係にあり、多くの企業では、必ずしもビジョンと目的を別々に表現しているとは言えません。**

そこで、高校生、大学生のみなさんには、このビジョンと目的の関係があまり明確に頭に浮かんでこないかと思いますので、この章では、ビジョンと目的を無理に分けないことにします。

ここでは、ビジョンについて考え、そのビジョンを将来達成することを目的としましょう。

図表17-1　ビジョン

	ビジョン
イケア（IKEA）	より快適な毎日を、より多くの人々に
パタゴニア（Patagonia）	私たちは、故郷である地球を救うためにビジネスを営む
テスラ（Tesla）	世界を電気自動車へと推進する、21世紀で最も力のある自動車会社をつくること
ルネ、ミシェル （第9章 自分のやり方でケアする）	高齢者が健康に暮らせるコミュニティをつくること
ケビン、チャールス、デジャ （補論 事例2ファイナンスの情報と知識）	ファイナンスの教育に関する多方向の会話を鼓舞すること

ビジョンの例として、スウェーデンの家具と生活雑貨の小売のイケア（IKEA）、アメリカのスポーツ衣料のパタゴニア（Patagonia）、そして電気自動車のテスラ（Tesla）の３社のビジョンを図表17-1

にまとめてみました。さらに、企業のビジョンの例だけではなくて、本書でプロジェクトの例として紹介した、筆者の授業に参加したルネとミシェル（第９章で紹介したスマートホームのプロジェクト）と、ケビンとチャールス、デジャ（補論の事例２、ファイナンスの情報と知識）のつくったビジョンも紹介しておきますので、参考にしてください。

それでは、簡単な作業から始めましょう。一枚の紙にプロジェクトのビジョンを書き出してください。

ここでのポイントは、ビジョンについての長いエッセイを書くのではありません。ビジョンについて単純（シンプル）で、誰にでもわかる日本語で、簡潔に20〜50字にまとめてください。

「何をしたいのか」「何になりたいのか」

どうしても100字になってしまうという方は、何回も読み直して、噛み砕き、「**いったい私（たち）は何をしたいのだろう？**」とリフレームしてみてください。

もう一つのリフレームの問いかけは「**いったい私（たち）は何になりたいのだろう？**」です。それでも、何をしたいのか、何になりたいのか、よくわからない場合には、残念ながらビジョンそれ自体に問題がありそうです。新しいビジョンをつくるプロセスの振り出しに戻ってください。

繰り返しますが、ビジョンはあなたが「達成したいと希望すること」です。言い換えると、「将来達成したいゴール」であり、「広い視野と高いところから見てインパクトのあるゴール」です。

本書の第１〜５章で読んだことを覚えていますか？　新しいことを始める前に大切なのは、まず「自分を知る」ことでした。新しいアイデアは、往々にして、自分が興味をもつこと、情熱を燃やしていること、あるいは、専念していることから生まれてきます。

高校生、大学生の場合には、自分が好きなこと、愛着心や情熱をもって専念できること、エネルギーをたくさん感じることを見つけてください、と書きました。そして、そこを起点として新しい発想を起こすことを勧めました。

さて、自分を知り、やりたいことがわかり、情熱を燃やせることがわかりました。そこで、もう一回考えてください。「**いったい私は何をしたいのだろう？」。この問いの答えは、とても大切です。なぜならば、それがあなたの進む方向だからです。**

ビジョンと共感のメーター

さて、将来達成したいゴールとしてのビジョンがはっきりと書けたならば、あなたがつくり出した新しいアイデアとコンセプトは、いったいどれくらいこのビジョンと整合的で、一貫性があるのだろうかと問いかけてください。

ビジョンは、これから３年、５年、あるいは８年後の将来に、あなた（のプロジェクト）がどのようになっているかを明確に描いているはずです。そうしますと、つくり出した新しいアイデアはそのビジョンとどれくらい一貫しているのでしょうか。

図表17-2には２つのメーターを示してあります。

|図表17-2| ビジョンメーター、共感メーター

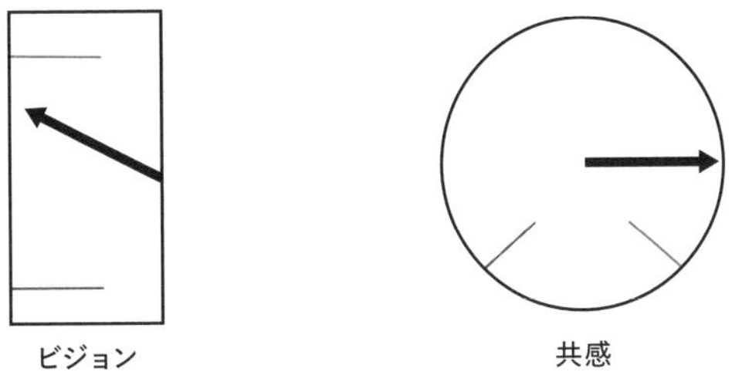

注：黒ラインの位置が0で、オレンジラインの位置が最高値（max）の位置を示しています。このメーターの針（太い矢印）の位置は、単なる例であって、ビジョンと共感では針はこうなるということを示すものではありません。

左のビジョンメーターは長方形のメーターで、メーターの中の針は、下から上に動きます。出発点が下の黒いラインで、最高値がオレンジのラインで示してあります。

このメーターはバッテリーの充電メーターを思い起こしていただければよいかと思います。つまり、針が上に行けば行くほど、充電されているのですね。このメーターは、「ビジョン」を最高値として、新しいアイデアとそのビジョンとの距離を測るビジョンメーターです。ここでいう距離とは一貫性（integrity）あるいは整合性（consistency）と理解していただければよいでしょう。

一方、図表17-2の右側の共感メーターは、ビジョンメーターとは違い、円形のメーターです。このメーターは自動車の回転計（タコメーター）を思い起こしてください。つまり、モーターがアクセルペダルに反応して、どれくらいの速さで回転しているのかを測るのです。

図表17-2の円形のメーターでは、「新しい意味」が引き起こす「共感」の度合いを測ります。

たとえば、消費者は製品の品質・機能・装備・耐久性・サイズ・色といった客観的な属性を購入に際して考慮にいれますが、それに加えて、あるいは往々にして、それより重要な決定要因となるのは、その製品が呼び起こす感動・共感、そして、その製品がその人にもたらす心理的、文化、社会的満足度です[1]。新しい意味に反応して、このような共感がどの程度引き起こされているのかを、このメーターは測ります。

ここまですでに新しいアイデアを出し、そのアイデアを共有し、いろいろな人から共感とその反応を得ました。そこで、受け取った反応の度合いをこのメーターに書き込んでください。たくさんの人から、「**わー、すごい！**」「**この新しいの、いいね**」「**これ欲しい**」

1　Roberto Verganti, 2009（同前）と山脇秀樹 , 2020（同前）を参照してください。

というような共感を引き起こしたのでしたら、この回転計は右へ大きく振れて、オレンジの線の近くまで行きます。

一方、反応が何もなかった、共感を生まなかった、感動がほぼゼロ、これ意味あるの？　というような場合には、メーターの針は、左側の９時辺りに止まったままということになります。

メーターの使い方

図表17-3では、第９章で紹介したスマートホームのプロジェクトでルネとミシェルが創造した新しい事業アイデアとそのプロセス（図表9-3）を再び紹介しています。このパネルは、第９章での①～⑨の作業プロセスが完了し、そのまま放っておいたパネルですね。

図表17-3　未来のアイデアマップ

タイトル：
自分のやり方でケアする

疑問点：
どのようなリソースが必要？
もう誰かがやっている？

トレンド＆変化
（観察と洞察）

カスタマイズされたサービスと体験がより重要になる
高齢者のケアの必要性が高まる
新しい技術の発展が高齢者が自宅に住むことを可能にする
いろいろな産業・企業の知識・技術・能力が従来の産業の枠組みを超えて開発される
顧客・消費者との接点が普遍的ではなく、より個性的でユニークなものになる

コンセプト（プロジェクトの総括的なコンセプト）
"Care, My Way: Forget 'one size fits all' models"

↓

含意と洞察からの未来のシナリオ
（洞察：未来"2021年"のシナリオ）

病院・医師中心ではなくて患者中心、患者の立ち位置・視点からのケアがより重要になる
ホスピタリティの概念が従来の概念から変わり、よりパーソナライズしたサービスを目指すようになる
より多くの高齢者が自宅に住むことにより、自宅での短期のヘルスケアのシステムがより重要になる

↓

新しい事業アイデア
（創造：2014年から2021年に向けてのいくつかの新しいアイデア）

"Personalized Hotel: Short-term Health Hotel at Home"
自宅で短期間のヘルスケアを受けられるようにパーソナライズされたホテルのような自宅

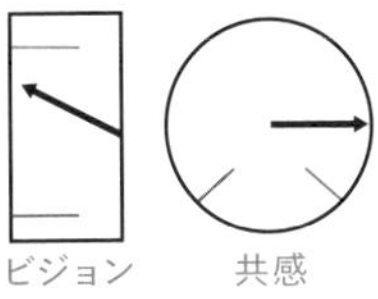

すでに、他のチームや他の人とアイデアを共有してフィードバックとアドバイスを受けていると思いますので、いくつかの疑問点が明確になっているかと思います。そこで、最も重要と考える疑問を２つか３つ書いてください。

たとえば、「これいったい利益が出るの？」「どのようなリソース[2]がいるのだろう？」とか「もう誰かが似たようなことをやっている？」等々、あなたの疑問をここに簡潔に書いてください。この３つの疑問は単なる例ですので、ここから選ぶのではなくて、あなた自身がもつ疑問をここに書き込みます[3]。

ではなぜ、ここに疑問を書くのでしょう。新しいアイデアをたくさんつくり、そこからいくつかのアイデアを収斂させてコンセプトをつくるプロセスでは、生まれてきたコンセプトの仮定を検証することが必要です。ここで書き込む２つか３つの疑問は、そのアイデアとコンセプトの仮定を検証するのに使えるのです。

たとえば、どのようなリソースがいるのだろうという疑問を投げかけた方は、そのアイデアを実現するためには、いったいどのようなリソースが必要なのだろうと、パッと頭に浮かんだのでしょう。そうしますと、その条件をクリアするには、どのような仮定を満たさなければいけないのだろう、という問いにいきつきます。そこから、仮定の検証へとつながります。

ここで使う仮定とは、あるコンセプトが成り立つための前提条件のことです。第６章でコリーヌというアジア系の顔をしたお人形について行なった洞察を思い出してください。なぜアメリカンガールは、コリーヌというアジア系のキャラクターをつくったのでしょう？　コリーヌ以前に当たり前だった仮定は何ですか？　そして、

2　企業が成長し経済活動を継続していくためには、種々多様なスキル、ノウハウ、知識、人材、技術、そして金融資産等々が必要となります。これらの経営に必要な資源のことをリソースと呼びます。

3　この章で紹介するメーターはBill Burnett and Dave Evans, 2016（同前）を参考にしています。

この15年ぐらいの間に、従来の仮定に変わって、重要になってきた仮定は何でしたか？　アメリカの人口動態の変化、それにともなう不調和の顕在化、そして社会の変化が、従来の仮定とは違う新しい仮定を必要としたのですね。つまり、従来の仮定を検証したら、その前提条件が満たされていなかったということがわかったのです。

次に、図表17-2のメーターをもう一度見てください。

２つのメーターのうちビジョンメーターをじっと見つめて、このアイデアについて、ビジョンのメーターの針をメーター内に描いてみてください。もし新しくつくったアイデアがビジョンと80%整合的なら、メーターの針はグーンと上方に振れます。

正確なデータに基づいて分析しているわけではありませんので、メーターの針の位置はその意味では感覚的ですが、ここでは、いったいどれくらい新しいアイデアがビジョンに沿っているのかを可視化しようとしています。可視化することにより、アイデア選択のための議論がしやすくなるのが、ここでの目的です。

もし、新しいアイデアが従来のビジョンを書き換えるような素晴らしいものである場合には、ビジョンメーターの針は最高値を振り切って、真上まで上昇してしまうかもしれません。その場合には、従来のビジョンそのものに立ち返り、新しいアイデアを基にして、新しいビジョンをつくるきっかけを与えてくれます。

このメーターは第９章の作業を検証するときにだけ使えるわけではありません。新しい意味を考えて新しいアイデアをつくるとき、イノベーションの要因を洞察して、それを動機として新しいアイデアをつくるとき、そして従来の仮定を新しい仮定にすり替えて新しいアイデアをつくるときにも、このメーターを使ってください。

そうして、新しいアイデアがあなたの目的とビジョンの軸足から外れているのか、軸足に乗っているのかを確かめてください。

オリジナルのメーターをつくる

ここまで、ビジョンと共感の２つのメーターを導入しました。アイデアを選考する際の条件はケースバイケースかと思いますが、この２つの他に役に立つメーターは何でしょうか。他のメーターの例として、次の３つが考えられます[4]。

- 使命（ミッション）
  もし、果たさなければならない任務、つまり使命がはっきりとしているのであれば、ビジョンと並べて、縦型のメーターを使うとよいでしょう。
- リソース（資源）
  どのようなリソースが必要になるのか、そしてそのリソース（たとえば、スキル、ノウハウ、知識、人材、技術、金融資産等々）をどれくらいもっているのかを円形のメーターで測ります。新しいアイデアに利用可能なリソースが潤沢な場合には、メーターの針が右に振れます。
- 自信とコミットメント
  新しいアイデアを実行する自信、あるいはコミットメントの度合いを測るのもよいかと考えます。自信の場合には、円形のメーターで、自信がまったくない（最低値）のか、自信満々（最高値）なのかを測ります。コミットメントの場合には、まったくコミットしたくない（最低値）のか、絶対コミットしたい（最高値）のかを測ります。

さらに、あなたの置かれた状況、経験に基づいて、他のメーターを考えてみてください。ただ、リソース、予算、費用等の制約のも

4　自分のプランの良し悪しを測定するためのメーターの応用については、Bill Burnett and Dave Evans, 2016（同前）も参照してください。

とで新しいアイデアを出すのでなくて、「もしすべてが可能だったなら」「もし既存の枠組みを変えて、リフレームしてみたら」の切り口で、新しいアイデアを出すのが重要なことを忘れないでください。

このプロセスから、アイデアとコンセプトを選ぶ際に、投票数が一番多いアイデアをベストアイデアとして選ぶだけではなくて、いくつかのカテゴリーをつくってアイデアを選ぶのがよいでしょう。

考えられるカテゴリーとしては、共感賞（最高の共感と感動）、ドリーム賞（すべてが可能なら？　資源の制約なしなら？）、ワイルド賞（一番大それているけれど、ひょっとして）などです。

Point! この章のポイント

新しいアイデアを選ぶ際に大切な枠組みとなる問い(framing question）は、何よりも、「いったい私（たち）は何をしたいのだろう？」「いったい私（たち）は何になりたいのだろう？」、そして「これどういう意味があるの？」です。

もし新しいアイデアが従来のビジョンを書き換えるような素晴らしいものである場合には、従来のビジョンそのものに立ち返り、新しいアイデアから新しいビジョンをつくります。

Challenge! ためしてみよう

ここでの作業はこの章で解説した目的とビジョンを書き出すことです。そのワークのプロセスは次のようになります。

①プロジェクトのビジョンを簡潔（20〜50字）に書く

②アイデアについて、ビジョンメーターと共感メーターを描き入れ、アイデアをメーターで評価する

図表17-4　未来のアイデアマップ

③図表17-4が完成したら、チームのメンバーが集まり、次の問いに答えを出す

（1）アイデアについて書いた疑問は解決できるのか

（2）それを解決するためには、どのような仮定を満たさなければいけないのか

④これらを総合的に判断して、アイデアを選びます

第18章

自分のコンパスを見つけよう

人生の目的と仕事の目的を考えることが、
進むべきプランを示す。

さて、本書も終わりに近づきました。これまでの作業、お疲れさまでした。新しいアイデアが浮かびましたか？　前章では、たくさんの新しいアイデアとコンセプトを選ぶ作業をしましたが、そのときに使ったのが、みなさんのプロジェクトの目的とビジョンでした。

この本は、自分を知り、自分のやりたいことを見つけ、自分を舞い上がらせることから始めました。そして、テーマと課題を見つけ、新しいアイデアをつくるための枠組みを紹介してきました。この章では、最後にもう一回、あなた自身に立ち返ってみましょう。

あなたの目的、人生の目的と仕事をすることの目的を考えてみます。

人生観と仕事観

高校生のみなさんは、まだ成長途上にあり、これから経験を積んでいくので、自分の人生観あるいは仕事観については、あまり考えたことはないと思います。また、ここで自分の人生観と仕事観は何ですかと聞かれても、何を書けばよいのかよくわからない人も多いのではないでしょうか。

大学生になりますといろいろな経験を積み始めているので、霧が少しずつですが晴れてきて、霧の先がもう少し見えるというところにいるかもしれません。ここではいくつかの問いをみなさんにお渡しします。そして、このいくつかの問いをこの本を読み終わった後にでも、時々思い出して自問してみてください。

人生観

- 私はなぜここにいるのだろう？
- 自分の人生の意味と目的は何だろう？
- 自分の人生を振り返るとき、良い人生（good life）とは何だろう？

仕事観

- 私はなぜ働くべきなのだろう？
- 何のために働くのだろう？
- 良い（good）仕事、あるいは価値のある（worthwhile）仕事とは何だろう？

この問いへの答えが、あなたの未来へのコンパス、羅針盤です。

この問いへの答えがあなた自身とも言えます。自分に問いかけて、自分を知ってください。第２章で、あなたのこれから５年間のライフプランをデザインしましたが、この問いの答えをそのプランの道標、コンパスとして使ってください。

前章であなたのプロジェクトのビジョンを書いてもらいましたが、あなたが書いたビジョンは、上の問いの答えと整合的ですか？　それともなんかしっくりしていませんか？　もし一貫性に欠けているようでしたら、あなたのプロジェクトのビジョンを、もう一度考え直してみてください。未来をつくるプロジェクトには、コンパスが必要です。

非日常の体験

さて、この本での最後の作業です。これはあなたの学校で、自宅で、あるいは仕事場で簡単にできるワークではありません。

課題は、街に出て、歩き回ることです。あなたの住む地域でももちろんかまいませんが、週末の一日、別の街にぶらりと出かけるのもよいでしょう。訪れた場所を歩き回り、立ち止まっては観察と洞察を繰り返してください。そして、一日の終わりに、どんな些細なことでもよいですから、何か一つ気づいたことを書き留めてください。

もちろん何か新しいトレンド、あるいは変化を見つけた場合には大成功です。街に出ると言っても、いつもの街のいつもの場所のいつものお気に入りの席に座って、いつもと同じ飲み物を頼み、いつもの景色を眺めるのでなく、いつもとは違う場所で「**非日常の体験**」をしてみてください。

お気に入りの喫茶店のいつもと違う席でもかまいませんし、お気に入りのチェーン店の別の店でもかまいません。いつもと違う景色を見ることがポイントです。

もし、社会人の方、それもミドル、ベテランと呼ばれている方なら、ミレニアル世代あるいはもっと若いＺ世代、この本の対象である高校生や大学生が闊歩しているような、自分たちの世代が普段足を踏み入れない場所を訪ねてみてください。

あるいは、ずいぶん昔に通った自分の高校、あるいは大学のキャンパスに久しぶりに立ち寄ってみるのはどうでしょうか。そこで、この章で提案した人生観と仕事観の問いを思い出してください。昔、その場所で心に秘めていた人生観と仕事観も取り出してみてください。それは今も同じですか？

高校生、大学生のみなさんには、海外へ出かけることを強く勧めます。クレアモントのプログラムに参加した日本人の高校生のように、夏休みのサマースクールでもよいですし、もう少し長い期間の語学留学、交換留学、短期留学、長期留学、あるいは大学卒業前の友だちとの旅行、何でもよいですから、日本を出て「非日常を体験」してみてください。違いを目のあたりにし、自分の常識、思い込みに気づき、「自分を知る」ことにもつながるでしょう。

決して、インターネットとオンラインに引き籠もらないでください。本書の第７章で、日本からカリフォルニアを６年ぶりに訪れたら、目に飛び込んできた目新しい事象について書きましたが、それを実際に体験してみるのはどうでしょう。

きっと新しい気づきがあるでしょう。カリフォルニア、そしてアメリカである必要はまったくなく、台湾でも、タイでも、ベトナムでも、シンガポールでも、オーストラリアでも、イギリスでも、ベルリンでもどこでもよいのですが、とにかくしばらくぶりに、あるいははじめて日本から外に出て非日常を体験してみるのです。

日本の本屋さんにはたくさんの新刊書と雑誌が並び、インターネット上にはさまざまな情報が流れています。このような大量の情報の中に埋もれて生活をしていると、たくさんの知識を得ることができるし、日本のこと、あるいは世界のことに絶えず触れることができるのは確かです。

その一方で、世界をわかった気になっていないでしょうか。情報を読むことによって、知ったつもりになっていないでしょうか。新しい情報に触れ、本を読み、知識を豊富にするのはもちろん重要です。

ただ、**実際に体験する、経験する、実際に作業をすることは、知識をもって知ったつもりになるのとは違います。体験を通じて、はじめて世界がわかり、世界で何が起きているのかがわかるのです。**

Point!

この章のポイント

ある場所を訪れたとき、そこで肌で感じる空気、そこでの新たな体験、観察、発見、気づき、会話のすべては、自分を知ることにつながります。あなたが舞い上がるための動機を与えてくれ、その原動力となるでしょう。

従来と違った景色、非日常の景色を見ることは、「従来の仮定」の検証を行なうための手助けになります。機能不全の思い込みをリフレームしてみる絶好の機会を提供してくれます。「どこに立って世界を見ているのだろう？」と自問してください。

Challenge!

ためしてみよう

さて、この本もあと１章を残すだけとなりました。これまで、たくさんの問いかけをみなさんに考えてもらいました。「あの問いかけ全部するの？」と思われる方もいるかと思いますので、ここで役に立つシーン別に問いかけのセットメニューを考えてみましょう。

メニューA　自分を知る

このメニューの目的は、とにかく今まで知らなかった自分を知ることです。

- 自分は誰だろう？
- 自分が本当にやりたいことは何だろう？

メニューB　舞い上がる

このメニューでは、自分を知り、やりたいことがわかり、どこに自分がいるのかを知り、未来のプランをデザインします。

- 自分は誰だろう？
- 自分が本当にやりたいことは何だろう？
- 今どこにいるの？
- 今何が起こっているの？
- ここからどこに行くの？

メニューC　テーマと課題を見つける

このメニューでは、すでにメニューAで自分を知った後に、テーマと課題を見つけます。

- 今どこにいるの？
- 今何が起こっているの？
- ここからどこに行くの？
- 今からX年後の場面をつくろう！
- 昔はどうだったの？
- これどういう意味があるの？

メニューD　新しい意味をつくる

このメニューでは、新しい意味をつくり、新しいアイデアを出します。

- これどういう意味があるの？
- 新しい意味は何だろう？
- What if?（もしすべてが可能なら、どうなるの？）

- パラダイスはどのようだろう？
- リフレームしたら？（もし枠組みを変えてみたら？）
- ただの（機能不全の）思い込みじゃないの？
- これまでの常識を変えたら、どうなるの？
- この新しいアイデア、どう思う？

メニューE　自分の目的とビジョンをつくる

このメニューでは、自分の目的と将来のゴールをつくります。

- いったい私（たち）は何をしたいのだろう？
- いったい私（たち）は何になりたいのだろう？
- どこに立って世界を見ているのだろう？

終章

最後に大切なこと：インテグリティをもとう

考え、思い、発言、行動の整合性があることはなぜ大切なのか。
整合性がなくなると、何が起こるのか。

この本では、プロジェクトの課題を見つけ、新しいアイデアをつくり出す前に必要なのは、「自分を知る」ことと繰り返し述べてきました。**「自分を知る」ことは、将来に向けての出発点**となります。自分が今どこにいるのかを知らなければ、将来がどこにあるのかがわかりません。

新しいアイデアは、往々にして自分が興味をもつこと、情熱を燃やしていること、あるいは、我を忘れて専念していることから生まれてきます。そこで、この本では、新しいアイデアを出す前に、まず自分を知ることに時間を費やしました。

エネルギーをたくさん感じる活動、愛着心や情熱をもって専念する活動、言い換えると、あなたが大変に興味をもち、情熱を傾け、労力を厭《いと》わないような活動は、新しいアイデアを出し、新しいやり方を起こすには、まさにピッタリです。

自分の関心のあること、情熱を傾けていること、よく知っていることですから、状況をよく把握しているし、何が課題かも端的にわかっている。

好きなことなので、行動する労力は惜しまないし、情熱をもっているので、どのように共感が生まれるのかも知っているのです。

さて、この本をここまで読まれた方の中には、もう「自分を知る」ことの大切さについては、他でも聞いているし、すでにワークショップもやった、それに「未来を考える」ことの重要性とイノベーションについてももうたくさん読んだし、すでに「未来を考える」ことも何回かやった、という方も多いかと思います。

その一方、この本では、「自分を知る」と「未来」を少し違う視点から見つめてきました。

それは、この本では「自分を知る」ことと「未来」を別々に取り扱うのではなく、この２つを掛け合わせて、「自分の未来をつくる」ことでした。言い換えると、「自分」と「未来」を独立したものとして考えるのではなく、「自分がエネルギーをたくさん感じ、自分が愛着心や情熱をもって行なう活動を知り」、それから課題を探索し、「自分の未来をつくる」ことを書いてきました。図表 A-1で全体を見渡してみましょう。

図表 A-1　自分の未来をつくる

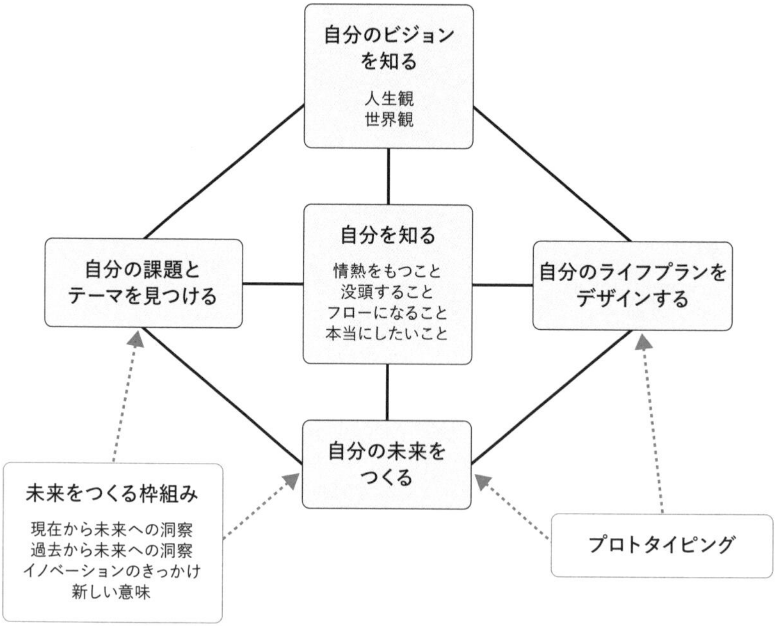

図表A-1は、これまで解説し、作業をしてきたことすべてを網羅していません。述べてきたことの中で最も大切な点を簡単に図式化してあります。第1章から第3章では、自分を知り、自分のやりたいことを知り、そして将来のプランをデザインしました。その過程で、プロトタイピングの大切さも述べてきました。それが、この図の中央の箱（自分を知る）、その右隣の箱（自分のライフプランをデザインする）、そしてその下の箱（プロトタイピング）です。

そして、それを土台として、第4章から10章で自分の課題とテーマを探しました。それが中央左の箱（自分の課題とテーマを見つける）です。あなたが課題とテーマを見つけ、そこから新しい意味をつくり、さらに新しいアイデアをつくり上げるためにいくつかのツールを使いましたね。それが、図の左側の下の箱（未来をつくる枠組み）です。

さて、第18章では、この図の中央上にある箱（自分のビジョンを知る）について作業を行ないました。そこで、本書の最後の章、第19章では、これらの箱がすべて上手くつながっているのかを確認します。つまり、この本の目的である、この図の中央下の箱（自分の未来をつくる）を完成させるのです。

インテグリティとは考え、思い、発言、行動、すべてが「整合的」

人生はまっすぐの道ではなくたくさんの分岐点と転機（turning points）があります。時には戻ったり迷ったりすることもあるでしょう。そんなときでも自分の目的と人生観を忘れずに、それに向かい挑み続ければ道はおのずと現れることも、忘れないでください。

この本では、**あなたの行動と活動が、自分の目的と人生観、そして情熱とエネルギーとピタリと合って、「言行一致」あるいは「芯が通っている」と言えるような状況をつくり出していることの大切**

さについて述べてきました。

そのように、自分自身に正直で、自分が考えていること、思っていること、言うこと、なすことすべてが「整合的」なことをインテグリティ（integrity）と言います。みなさんがインテグリティをもって行動していくことの大切さ、それがこの本の最後に伝えたかったことです。

インテグリティを失うとどうなる?

インテグリティの大切さを強調しましたので、インテグリティを失うとどうなるのかをいくつかの最近の例で紹介しましょう。

この数年の間にアメリカで不祥事を起こした企業の一つに、セラノス（Theranos）というシリコンバレー発のスタートアップ企業があります。

セラノスは血液検査の技術を基に、当時19歳でスタンフォードの大学生だったエリザベス・ホームズが2003年に起業し、ベンチャーと投資家から約800億円（当時の為替レート）を集めました。

当時は、血液検査、医療技術の分野のアップルと呼ばれるほどのサクセスストーリーとしてもてはやされました。

ところが、2015年になり、セラノスの技術は偽りであることが判明し、創業者・元CEOのホームズ氏は投資家に対する詐欺罪に問われ、長い裁判の結果、2022年に有罪の判決が下りました。

前章であなたの目的を書いてもらいました。セラノスのような営利企業であれば、投資家のために利益を追求するのは大切なのですが、利益追求を超えた目的は何だったのでしょうか？　技術成果を偽ってまで、投資家に売り込むのはインテグリティがないと言われても仕方がないでしょう。

この数年は、暗号資産（仮想通貨）が若い世代の間でブームになっています。加えて、大学を出て数年の若い起業家が多額の投資資金を得て利益を獲得した話は、みなさんもよく聞いたと思います。

そうした成功の話の一方で、インテグリティを失って、成功から失敗へと急降下したケースもいくつかあるのです。ごく最近では、MIT出身の30歳のサム・バンクマン＝フリード氏の創業した暗号資産（仮想通貨）交換業大手FTXの倒産です。

バンクマン＝フリード氏は、一時は「暗号資産の王様」と言われるほどに成功しましたが、2022年に破産手続きを申請する事態になり、今では詐欺と顧客資金の不正な移動の罪に問われています。

同じように、暗号資産（仮想通貨）のLUNA（Terra）を運営する企業を設立したスタンフォード大学出身のドー・クォン氏もやはり詐欺罪に問われ、本書の執筆時点では海外に身を潜めていると言われています。

ここで言いたいのは、暗号資産（仮想通貨）がよくないとか問題があるということではありません。経営者の責任感の欠如、未熟な経営能力、倫理観と道徳観の欠如が問題ということです。

言い換えると、創業者としての将来へのビジョン、そして利潤追求を超えた、社会的インパクトのある広い視点からの目的が大きく問われているのです。まさに、ピーター・ドラッカーがかつて説いた「人間中心の経営」とインテグリティの大切さがここで問われているのです。

最後に、インテグリティをもつことの大切さをこの本から少しでも理解し、それをいつも心に留めて、これから「自分の新しい未来」に向かい、あなたが舞い上がっていく―― SOARしていくことを願っています。

補論

従来の仮定はもう古い？

仮定が変わると新しいアイデアが必要になる。
アイデアを出すときは仮定の変化に注目する。

この補論では、人生プランというよりは、ビジネス、マネジメント寄りの内容を扱います[1]。

ピーター・ドラッカーは『マネジメント』[2]の中で、ビジネスにおける仮定について述べています[3]。簡単に言うと、彼のビジネスの理論は「３つの仮定（assumptions）」から成り立っています。

- **仮定１**：企業を取り巻く環境（社会とその構造、市場、顧客、技術）に関する仮定
- **仮定２**：企業の特定の使命に関する仮定
- **仮定３**：企業の使命を達成するために必要なコアコンピタンス[4]に関する仮定

1　この章は、ビジネスの経験のない高校生には難しい内容かと思います。この章を飛ばしても全体の理解には影響はありません。

2　Peter F. Drucker, *Management: Tasks, Responsibilities, Practices* (New York: Harper & Row, 1973).

3　ここではより簡潔にわかりやすく書かれたハーバード・ビジネス・レビューに1994年に発表された論文を参照します。Peter F. Drucker, “The Theory of the Business,” *Harvard Business Review*, September-October 1994.

4　他社が真似のできない核となる能力。C. K. Prahalad and Gary Hamel, “The Core Competence of the Corporation,” *Harvard Business Review*, May-June 1990を参照。

この３つの仮定が互いに整合的であり、この３つの仮定が企業の組織のすみずみまで行き渡り理解されているときに、その企業は良好な成果をあげると、彼は述べました。

マネジメントのチームあるいは経営者は、消費者、顧客を知り、顧客のニーズを理解するだけではなく、社会、経済、技術等の変化とトレンドに気づき、未来へのビジョンをもち、未来のシナリオを考えることにより、ある「コンセプト（構想)」に到達することができるのです。

ドラッカーが強調したのは、経営者の体験から得た「勘」によってコンセプトに到達することではなくて、そのコンセプトの基となる「仮定」を明確に表し、その「仮定」を絶えず検証していく必要がある、ということでした。

仮定とは、ある話を進める、あるコンセプトが成り立つ、あるいは、ある命題（「真であるか」「偽であるか」を見極める必要があること）を導くための前提条件です。言い換えると、仮定とは前提を仮に設定することを意味しています。

たとえば、ある電気機器メーカーが、たくさんの機能がついたテレビをつくって、売り出したとしましょう。そこでの仮定はなんでしょう？　一つの仮定は、消費者は機能性でテレビを選ぶ、だから機能がたくさんついていれば売れる、ではないでしょうか。

つまり、この「消費者は機能性で製品を選ぶ」という仮定の下で、たくさんの機能がついてテレビを開発したのです。しかし、仮定は事実とはかぎりませんし、思い込みかもしれません。まさしく、真偽を見極める必要があります。

さらには、たとえば10年前に、その当時の事実に基づいて設定されていた前提が、今では状況が変わり、現在の状況と相容れないかもしれません。その場合には、その前提、すなわち仮定を変え、新しい世界をつくる必要があるのです。

図表B-1は、この議論を図式化して表しています。

図表 B-1 「従来の仮定」と「新しい仮定」

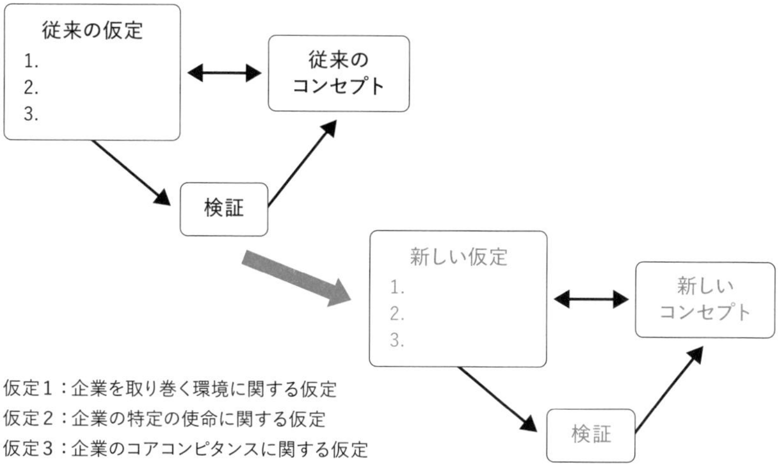

「仮定」の箱の中に記載してある番号は、先に述べた「ドラッカーの3つの仮定」を示しています。

従来の仮定にズレが生じたら？

ここで、この3つの仮定が変化した簡単な例として、アメリカのビジネススクールにおける仮定の変化を考えてみましょう。

新型コロナウイルスの感染者の急増により、アメリカのビジネススクールを取り巻く環境は2020年3月以来大きく変化しました。それ以前の仮定が大きく覆され、授業はキャンパス内の教室の中での対面方式からオンラインへと移行しました。

つまり、従来の仮定1に変化が生じたのです。パンデミックが起こり、ビジネススクールの生徒、教員、事務員も外出が難しい状況になってしまい、学校は閉鎖せざるを得ない状況になりました。

そして、仮定2も再考を余儀なくされました。従来の仮定2は、MBAのプログラムにおいて、授業でアカデミックな内容を学生に提供することに加えて、キャンパスでの生活を通じて、学生にネットワークの場を提供することが使命でした。

ところが、学生はキャンパス閉鎖のため、そこでの生活を送ることができなくなりました。講義はオンラインで受講できますが、学生にとってビジネススクールに入学するもう一つの大きな理由である、キャンパスでの生活、体験、ソーシャライズ、そしてネットワークづくりが難しくなったのです。

そして、仮定3についても、問題が起きています。ビジネススクールの授業の多くでは、ケースメソッドを使用します。もちろん、オンライン、Zoom等でケースメソッドを使って講義をすることは可能です。また、以前はオンラインなんてとバカにしていた教授も学生も、いざ実際に使ってみると、オンライン学習の良い点を見つけています。

その一方で2020年3月からの経験から、多くの教授はやはり対面での討議の臨場感と肌で感じる体験をオンラインでつくるのは極めて難しいとの評価を下しています。そうしますと、仮定3も将来的には見直しをする必要が出てきます。つまり、2020年3月以降、従来のビジネスの仮定1〜3すべてにズレが生じているのです。

従来の仮定を検証する

このビジネススクールの例は、ビジネスの仮定が変わったのに、ビジネスコンセプトが昔のままなので、新しいコンセプトが必要になっているケースですね。**ここまで本書で強調してきたことは、新しいコンセプトを新しい仮定のもとでつくることでした。**

たとえば、社会・経済・技術・環境等の領域で多様な変動が起きている場合には、速やかに図表B-1に説明されている仮定1を検証する必要があります。同時に仮定2と3についても従来の仮定が満たされているのかを確認する必要があります。

そして、図表B-1のモデルに示されるように、**従来の仮定が妥当ではない場合には、新しい仮定が必要となり、それにともなって、ビジネスコンセプトも変わる必要があるのです。「今何が起こっているの？」、そして「ここからどこに行くの？」の問いかけです。**やっとこれで、本書の第７章から始めた作業のプロセスを一巡することができました。

これが本書で紹介する「未来をつくる」プロセスです。

新しい仮定には新しいコンセプトを

図表B-1のフレームワークを使い、筆者の授業で実際に従来の仮定を検証し、その検証結果から新しい仮定を考え、それを新しいコンセプトと擦り合わせた例を２つ紹介します。

題材はアメリカの状況に基づいていますので、日本の状況に当てはまらない点もあるかと思います。ここでは、例の内容そのものではなくて、作業を行なうための作例として参考にしてください。この例における仮定１、２、３はこの章の冒頭で述べたドラッカーの定義にしたがっています。

この作例で紹介されている仮定とコンセプトはかなり様式化されて要約されていますが、インタビュー、リサーチ、メンバー各自の作業、チーム全体でのブレインストーミングによるたくさんのアイデア創出、そして第16章で紹介したような他チームとアイデアを共有し、得られたフィードバックを内省するといったプロセスを経て得られた結果です。

みなさんに理解していただきたい重要な点は、ここに書かれている新しい仮定とコンセプトは、決して「正解」ではないということです。むしろ、あるチームが到達した一つのコンセプトであり、別のチームはそれと違う仮定とコンセプトを立てるかもしれません。

１つの課題にたくさんのアイデアです。観察、洞察、そして本章のテーマである仮定が、それらのアイデアをつくるための基礎となっていました。

事例1　急激に変化する法的環境

この事例を考えた４人組チームの中には、中小企業と仕事をしたことがある、弁護士のジェーソンと会計士のアレンがいます。

ロサンゼルスのダウンタウンにある法律事務所で弁護士として働くジェーソンは、労働施策、特にハラスメントの法律問題を専門として、大企業と中小企業両方の問題を扱ってきました。

会計士のアレンは以前には、宇宙開発のための大きな研究機関で働いていましたが、現在は中小企業のファイナンス（お金のやりくり、資金調達）のコンサルタントとして活動しています。

そこで、このチームはジェーソンとアレンの体験を基にして、プロフェッショナルサービス（弁護士、会計士、コンサルタントなど専門知識を提供する仕事）をプロジェクトの大きなテーマに選び、特に近年増加している企業・組織内ハラスメントとその報復に焦点を合わせることにしました。

変化とトレンド

この数年間、企業・組織内の職場に関する法的な状況が急速に変化している。それに対応するために、企業・組織はどのように問題に対処すべきか、そして問題が起こるのを防ぐための方策に追われている。

さらには、そのやり方がよくわからずに混乱している場合が顕在化している。具体的には、職場でのハラスメント、差別、そしてそうした行為に対する報復に関する法律の変化である。

大企業は、そのための法律部門をもっているので、法的問題への対応が比較的素早く行なえる。その一方、中小企業は、法的状況の変化に素早く対応できていない。経営者、社員ともに、新しい法律を知らない、理解していない、さらに、問題を防ぐために十分な適切なトレーニングを受けていない。

仮定1

従来の仮定：職場でのハラスメント等の法的状況は緩やかに進展する。定期的に社員がトレーニングを受ければよい。

新しい仮定：職場でのハラスメント等の法的状況は急に変化する。単なるトレーニングだけでは不十分。

仮定2

従来の仮定：企業・組織のマネジメントは経済的成果の達成、経営の効率性を重視する。

新しい仮定：企業・組織内の人材資源の育成と成長を重視する。そして幸せな職場環境をつくり、それを維持する。

仮定3

従来の仮定：企業・組織内の法律部門に任せる。

新しい仮定：中小企業あるいは小規模組織はそのような部門をもてない。資源がない。

新しいコンセプト

速い速度で変化している法的状況に対処するために、中小企業のマネジメント層に向けて、クラウドベースによる情報提供と組織内の法的環境整備のサービスを提供する。

事例2　ファイナンスの情報と知識の習得

この事例2のチームは4人のメンバーで構成され、ファイナンスの分野で実際に働き、それを専攻する専門職大学院生ケビンとチャールスの２人がいます。

チームのメンバーの一人デジャは高等教育機関に勤めており、金融資産への投資を始めるためにファイナンスの専門家のアドバイスを受けることを考えています。

プロジェクトの初期の「今どこにいるの？」段階で、なぜファイナンスの人たちはクライアントのことよりも、自分たちがいかにスマートかを見せることしか考えていないの？　という問いをデジャがケビンとチャールスに投げかけました。そして、そこからリフレーミングが始まりました。

変化・トレンド

アメリカでは、金融資産への投資からスタートアップの創業に至るまで、ファイナンスの分野が世界で最も発達し、経済成長の大きな原動力となっている。その一方で、特定の人種的マイノリティーに属する人々の層では、一般的にこうしたファイナンスの活動は活発ではない。そして、このギャップは近年さらに拡大している。このような社会のトレンド、社会の不調和、そして新しいやり方の模索が逼迫した課題である。

仮定１

従来の仮定：ファイナンスのリテラシー（知識と理解能力）はアメリカでは発達している。

新しい仮定：ファイナンスのリテラシーは国民の誰でもが高いわけではない。多様なコミュニティのリテラシーを高める必要がある。

仮定２

従来の仮定：ファイナンスの専門家は専門知識をもっているので、

クライアントとの情報・知識の非対称性は当たり前。そこでクライアントが感じる威圧的な対応と体験は仕方がない。上からの目線でのアドバイスは一般的。

新しい仮定：ファイナンスのアドバイスを、専門家による専門用語の羅列ではなくて、クライアントの視点から受けられるようになる。ファイナンスの知識に簡単にアクセスでき、専門家でなくても理解できるようにする。デザイン思考の発想をファイナンスに応用する。

仮定３

従来の仮定：ファイナンスのアドバイスはファイナンスの専門家から受け取る。

新しい仮定：コミュニティに根差したファイナンスのリテラシーを高めるための教育が重要。

新しいコンセプト

包摂的な金融リテラシー教育を拡大することにより、知識のギャップを埋めることを目指す。人々がネットワークを構築し、サポートシステムを見つけ、お金について快適に話すことができるコミュニティを作成する。

既存の論理、従来の仮定、あるいは業界の常識といったものが、時代にそぐわなくなっている場合には、それを疑問視し、既存の枠組みを変えることの重要性を、この２つの例からおわかりいただけたかと思います。

もちろん、このように既存の枠組みを変えて、リフレーミングすることはそう簡単にはいかないのが現実です。しかし、そうかといって、それをそのままにしておいては、未来に向けて大きな一歩を踏み出すことはできません。

本書で紹介しているフレームワークを使って成果を出すには、5つの心構え、マインドセットが必須であると本書の「はじめに」で書きました。繰り返すと、従来の枠組みを崩す、好奇心を旺盛にする、プロセスからアイデアを生む、共感を生む、そして立ち上がって行動する、でした。

新しい仮定をつくるとき、新しいアイデアをつくるときのもう一つの必要な心構えとして、「**その場の空気が読めても、あえて読まない**」をつけ加えておきましょう。

新しいアイデアを出すブレインストーミングは、社内のボスのお気に入りプロジェクトを討論するのが目的ではありません。和気あいあいのおしゃべり会でもありません。

ここで紹介した事例1と2は、人種的背景、いろいろなコミュニティの文化の違い、企業文化の違い、社会の多様性を超えて、チームのメンバーが正面を向いて、お互いの顔を突き合わせながら議論した結果として生まれたということをつけ加えておきます。

最後になりますが、本章で紹介した2つの事例は、その後、ビジネスコンセプトからビジネスモデルをデザインし、現在クラウドベースの情報供給を検討しています。チームで考えたアイデアを弁護士のジェーソンが中心になって、事業化しようと考えています。

Point!

補論のポイント

一つの正解を出すのではなく、たくさんのアイデアを出してください。そして、ここでも第15章で紹介した、機能不全の信念・思い込みを取り除くために、リフレームの問いかけを使ってみてください。従来の仮定が機能不全を起こしていた場合、それをリフレームするとどのようなアイデアが生まれてくるでしょうか。

Challenge!

ためしてみよう

ここでは、2つの課題を考えましょう。

課題1

図表B-1で説明した「従来の仮定」と「新しい仮定」の概念を使って、「従来の仮定」がすでに満たされていないにもかかわらず、その仮定のもとで行動・活動・事業を継続して失敗した事例をいくつか考えてみてください。

これは、ビジネスのみならず、非営利団体や身の回りの簡単な例でもかまいません。

課題2

図表B-1のように、新しい仮定の下でのコンセプトを明らかにしてみてください。この作業は、これまでの作業の続きとして行なってもよいですし、まったく新しい課題を考えて作業を進めるのもよいでしょう。

ポイントはいくつかありますが、まずすでに起こった変化に気づき（今何が起こっているの？）、それから洞察をして新しい仮定を考えることです（ここからどこに行くの？）。第8章では、未来のシナリオから新しいアイデアをつくりましたが、その際にあなたが暗黙のうちに、あるいは明示的に使った仮定は何でしょうか。ここで今一度、明らかにしてみましょう。

おわりに

本書で伝えたかったことは、一言で言うと次のようになります。**一人ひとりの目的と人生観が、情熱とエネルギーを注ぎ込みたいこととピタリと合って、「言行一致」あるいは「芯が通っている」行動と活動を生み出すことの大切さです。それは、自分自身に正直で、「整合的」に「インテグリティ（integrity）」をもって行動することで可能になります。**

インテグリティをもつことの大切さをこの本から少しでも理解し、それをいつも心に留めて、これから「自分の新しい未来」に向かってあなたが舞い上がっていく―― SOARしていくことを願って、この本を終わりたいと思います。

2020年の1月末以来の新型コロナ感染拡大により、世界のビジネスを取り巻く環境は一変しました。それに追い討ちをかけるように、ロシアのウクライナ侵攻が2022年の2月に始まり、本書の原稿を書いていた最中の2022年5月には、北欧のスウェーデンがフィンランドに続いてNATOに加盟するための申請を提出することを決めました。そしてアメリカのハンバーガーチェーンのマクドナルドがロシア市場からの撤退を表明しました。

筆者が8年間勤めた西ベルリンの研究所を1990年の冬に辞めたときに、当時の同僚から、ベルリンのブランデンブルク門を東ベルリン側から描いた絵を記念にもらいました。

写真19　東ベルリン側から描いたブランデンブルク門の絵

ベルリンの壁を隔てた向こう側、つまり西ベルリン側には大きな公園ティーアガルテンが広がり、その真ん中を走る大通りに沿って並んだ街路灯が霞んで見えています。冷戦当時の東ベルリンの市民が、壁越しに見える西ベルリンの象徴である自由、その光をいつの日か東ベルリンに取り戻すことを願った絵と、筆者は理解しています。

冷戦下の仮定がベルリンの壁の崩壊により「新しい仮定」に変わり、その仮定の下でマクドナルドが1990年の1月にソ連に最初の店を開店し、それ以来30年以上にわたり約850の店舗を展開してきました。

ところが、この冷戦後の「新しい仮定」がロシアのウクライナ侵略により崩れ、マクドナルドがその後の「新しい、新しい仮定」に対応したのは極めて象徴的な出来事でした。そして今まさに「新しい、新しい、新しい仮定」を未来への希望を込めてつくる必要があるようです。

本書で紹介した手法と概念は、ドラッカースクールで筆者が担当する授業で使われています。それらのコースに参加した、ドラッカースクール、クレアモント・カレッジズのメンバーであるクレアモント・マッケナ、スクリップス、ピッツァーの各大学、ケック応用生命科学大学院大学、クレアモント大学院大学の学生諸氏には深く感謝します。パサデナのアートセンター・カレッジ・オブ・デザイン Grad ID（工業デザイン学科大学院）の学生諸氏からは多くの気づきをもらい、いつも刺激を受けています。

筆者は欧米の大学で35年以上にわたり教鞭を執ってきましたが、日本の大学でも2015年以来毎年、夏の集中講義を担当する機会をもってきました。そこでは本書で紹介したようなプロセスのワークショップを行ない、日本の大学生と大学院生が新しい市場の開拓につながる、たくさんのテーマと課題を見つけました。

そして、正解を出すことは忘れ、奇想天外もありの自由な意気込みで、空気が読めてもあえて読まずに、従来の仮定と常識を覆すような、さまざまな新しいアイデアをつくってくれました。

日本でこれらの手法を基に新しいアイデアを創造してくれた慶應義塾大学湘南藤沢キャンパスにある SFC の学生（2016-2019年）諸君、並びに早稲田大学大学院商学研究科の大学院生（2015-2022年）諸氏に感謝いたします。

日本の高校生向けのプログラムは2011年以来、総合型選抜（AO入試）・学校推薦型選抜で優れた成果をあげている早稲田塾とのパートナーシップのもとで開催してきました。『もしドラ』ブームが始まる数年前にクレアモントまでドラッカースクールを訪ねて来られた早稲田塾創設者の相川秀希氏には、このような貴重な機会をつくっていただき、深く感謝いたします。

またドラッカープログラムの開催について毎年お世話になっている早稲田塾新宿校校舎長の有田忠史氏には、本書を原稿段階で読んでもらいました。総合型選抜による大学進学を目指す日本の高校生の視点に立った、非常に的確なフィードバックと多くの気づきをいただけましたことを、あらためて感謝いたします。ありがとうございました。

本書で紹介した枠組みの一部は、2016年から2019年にかけて東京のアカデミーヒルズで開催したヒルズ・イグニッション・プログラム（HIP）で応用する機会をもつことができました。この起業家向けのプログラムに参加していただいた多くの履修生の方々に深く感謝します。また、専門分野のサイロを超えた横断的な共同プロジェクトのHIPに講師として参加していただいた淺羽茂（早稲田大学）、忽那憲治（神戸大学）、山川恭弘（バブソン大学）の各教授、そして藤田勝利（PROJECT INITIATIVE）氏に、ここにあらためて感謝いたします。

第10章の図表10-1は、2020年春学期のクレアモントでのコースに参加したチームが描いた未来のシナリオです。そのチームメンバーであった竹内政樹氏（成田国際空港株式会社（NAA））にはスライドの掲載を承諾していただき感謝します。

本書第9章で紹介した「トレンド観察→含意と洞察→未来のシナリオ」の手法については、アートセンターGrad IDのロイド・ウォーカー（Lloyd Walker）氏が教える「Futures Workshop（未来ワークショップ）」から多くの教示を受けました。深く感謝する次第です。

クレアモント大学院大学のミハイ・チクセントミハイ（Mihaly Csikszentmihalyi）教授とは、イノベーション、デザイン、そしてフローにまつわる会話の機会を存命中にいく度となくもつことができました。ここに深く感謝いたします。

ロサンゼルス自然史博物館のCFO、レスリー・ネグリット（Leslie Negritto）氏とドラッカースクールの同僚カタリナ・ピック（Katharina Pick）教授とは、日本の高校生のためのプログラムを含めて、たくさんのワークショップを共同で行なう機会をこれまでもってきました。

リベラルアーツの大学の卒業生である2人とは、専門分野を超え、人間を中心としたワークショップのための新しいアイデアをたくさんつくり、そのプロトタイプを実践に投入してきました。ここにあらためて、これまでのチームワークに感謝します。

2024年にドラッカースクールがクレアモント・カレッジズと開講する「45歳からの人生戦略」のプログラムの名称は「SOAR（舞い上がる）」です。本書でもたびたび使用しているこの言葉は、渋谷川で朝食をとっているときに3人で思いつきました。ちなみに、SOARはSeek、Observe、Act、Renewをも意味しています。

この本の企画について相談するために、2022年の8月はじめに東洋経済新報社編集部の黒坂浩一氏と面会しました。たまたまその前の週に東京で高校生のためのプログラムを開催していたこともあり、「高校生」と「人生を変える」を掛け合わせるとどうなるのだろうという問いかけをその場でもらいました。ビデオ通信ではなく、対面で見えた彼の表情と仕草から「あっこれだ」と気づき、初期の原稿を高校生向けに大きく書き直しました。あの真夏の日の早稲田の杜での黒坂さんの洞察がなければ、この本は出来上がりませんでした。ここに深く感謝いたす次第です。

2023年2月　クレアモントにて

山脇　秀樹

【著者紹介】

山脇秀樹（やまわき　ひでき）

慶應義塾大学経済学部卒業、同大学大学院経済学修士課程修了。1982年にハーバード大学経済学博士号取得（Ph.D.）。1982年より旧西ドイツ国立ベルリン社会科学研究所上級研究員、1990年よりベルギーのルーヴァン大学経済学部教授。1995年よりカリフォルニア大学ロサンゼルス校（UCLA）アンダーソン・マネジメントスクール客員教授を併任し、2000年よりカリフォルニア州クレアモントにあるピーター・F・ドラッカー経営大学院教授。2006年度より同校副学長、2009～2012年度に学長を務める。欧米のビジネススクールにおける初の日本人学長。著書に『戦略の創造学――ドラッカーで気づき デザイン思考で創造し ポーターで戦略を実行する』『新しい顧客のつくりかた――見えない消費者をあなたのお客さまに変える戦略』（東洋経済新報社）がある。

15歳からの人生戦略

ドラッカー経営大学院教授の「未来をつくる」授業

2023年5月11日発行

著　者――山脇秀樹
発行者――田北浩章
発行所――東洋経済新報社
〒103-8345　東京都中央区日本橋本石町 1-2-1
電話＝東洋経済コールセンター　03(6386)1040
https://toyokeizai.net/

装　丁…………西垂水敦+松山千尋（krran）
カバーイラスト……市村譲
D T P…………岸和泉
印　刷…………ベクトル印刷
製　本…………ナショナル製本
編集担当………黒坂浩一

ISBN 978-4-492-53464-9